BERND BEUSCHER
TACHELES GLAUBEN

Der Clip zum Buch
www.howdoesthegospelhappen.com
Zehn Minuten zum Hören, Sehen und Vertiefen.

Bernd Beuscher

TACHELES GLAUBEN

Christliche Klischees auf dem Prüfstand

Dieses Buch wurde auf FSC®-zertifiziertem Papier gedruckt.
FSC (Forest Stewardship Council®) ist eine nichtstaatliche,
gemeinnützige Organisation, die sich für eine ökologische und
sozialverantwortliche Nutzung der Wälder unserer Erde einsetzt.

Die Bibelstellen sind der folgenden Bibelübersetzung entnommen:
Lutherbibel, revidierter Text 1984, durchgesehene Ausgabe.
© 1999 Deutsche Bibelgesellschaft, Stuttgart

Bibliografische Information der Deutschen Nationalbibliothek

Die Deutsche Nationalbibliothek verzeichnet diese Publikation in
der Deutschen Nationalbibliografie; detaillierte bibliografische Daten sind im Internet über http://dnb.d-nb.de abrufbar.

© 2014 Neukirchener Verlagsgesellschaft mbH, Neukirchen-Vluyn
Alle Rechte vorbehalten
Umschlaggestaltung: Andreas Sonnhüter, Niederkrüchten
Lektorat: Stefanie Schwenkenbecher, Greifswald
DTP: Breklumer-Print-Service, Breklum
Verwendete Schriften: Klavika Basic, Sabon
Gesamtherstellung: CPI – Ebner & Spiegel, Ulm
Printed in Germany
ISBN 978-3-7615-6151-5 Print
ISBN 978-3-7615-6152-2 E-Book

www.neukirchener-verlage.de

„Wer bitte kann 500 Jahre nach der Reformation noch Rechtfertigung erklären? Wie soll Blut meine Weste weißwaschen? Was hat ein Lamm mit meinen Schulden zu tun? Warum hat Jesus den Sturm auf den Philippinen nicht gestillt? Was ist der Unterschied zwischen der totalen Überwachung durch die Geheimdienste und Gottes Buchführung? Warum trefft ihr euch jede Woche, um einen Gekreuzigten zu verehren? Was ist Buße? Wie geht beten? Vergebung?"

Hannes Leitlein, „O Gott, was kommt da auf mich zu?"
aus Christ & Welt 49, 2013.

Vorwort

„Boh glaubse!"

Der Duisburger Kabarettist und Komiker Uwe Lyko beginnt seine Auftritte als ewig schimpfender und nörgelnder Rentner Herbert Knebel im besten Ruhrpott-Deutsch mit den Worten „Boh glaubse …". „Boh glaubse!", denke auch ich oft, wenn ich mich einerseits über haarsträubende Klischees ärgere, die immer noch zu den Themen Kirche, Gott und Glauben geäußert werden, andererseits aber selber merke, wie schwierig es ist, sich hier angemessen auszudrücken und nicht nur klerikalen Sound zu produzieren.

Dabei besteht ein großes Bedürfnis nach entsprechender Klärung, Bildung und Ausdrucksfähigkeit. Viele empfinden es als peinlich, nicht Rede und Antwort stehen zu können im Blick auf religiöse Fragen. Sie spüren: Floskeln reichen im Ernstfall nicht aus.

„Die Botschaft der Christengemeinde kann verblöden" (Karl Barth), muss sie aber nicht. Im vorliegenden Buch werden jeweils die gängigsten Klischees angerissen und pointiert zurechtgerückt. Schlüsselbegriffe sind in einem Register am Ende des Buches gesammelt.

Insgesamt habe ich mich bei diesem gewagten Unternehmen an dem Theologen Dietrich Bonhoeffer orientiert, der am 3.8.1944 aus der Haft an seinen Freund Eberhard Bethge schrieb: Manchmal müssen wir „es auch riskieren, anfechtbare Dinge zu sagen, wenn dadurch nur lebenswichtige Fragen aufgerührt werden." Duisburg, im Frühjahr 2014   Bernd Beuscher

Inhalt

Glauben

Hirn abschalten oder gewagtes Leben

„Wer glaubt, ist unrealistisch, gibt seinen Verstand an der Garderobe ab und macht sich etwas vor ..."

Tacheles

Auch wenn es sich im Deutschen umgangssprachlich so eingebürgert hat: Beim christlichen Glauben geht es nicht darum, an etwas zu glauben. Sondern glauben ist Fachwort für die Art und Weise, wie Menschen ihr Leben verantworten. An etwas zu glauben, also die Anbetung eines Gegenstandes oder bestimmter Dogmen, bezeichnen die christlichen Überlieferungen dagegen als Götzenglaube.

Das Tragische ist, dass sich das apostolische Glaubensbekenntnis in der üblichen Übersetzung genau in eben dieser bequemen gegenständlichen Form eingebürgert hat. Jeden Sonntag sprechen Millionen von Menschen weltweit diese Sätze im Gottesdienst. So wird mit jedem Sprechen des Glaubensbekenntnisses weniger das Verständnis der anspruchsvollen Inhalte befördert, als auch das Klischee vom Götzenglauben neu eingebrannt: Du musst *an* Gott, *an* die Jungfrauengeburt, *an* die Himmelfahrt glauben usw. Glauben gibt es in der christlichen Religion nur als „live act", was von Gläubigkeit (Glauben *an* den Weihnachtsmann, Ufos oder schönes Wetter) zu unterscheiden ist.

Wie schwer ein entsprechendes Umdenken und Um-
gewöhnen vom „Glauben an" zum „Glauben live" ist,
wurde deutlich in einer Szene aus dem diesjährigen österlichen „Faktencheck", den das ZDF zur *Strafsache
Jesus* sendete (➔Mythen). Während sich Christoph
Markschies als theologischer Experte korrekt zu Wort
meldete und lächelnd dem Zuschauer zu denken gab,
das alles könne man nicht historisch beweisen, das
müsse man glauben, wiederholte das die Nachrichten-
sprecherin Petra Gerster leutselig und mit Grabesmiene
mit den Worten, dass man daran glauben müsse. Und
das macht in Ton und Formulierung den entscheiden-
den Unterschied: hier der Aberglaube an eine sensatio-
nelle Reanimation, dort die gewagte Lebenshaltung,
dass Gott niemanden liegen lässt.

Es ist im Sinne christlicher Religion theo-logisch
nicht sinnvoll, Gott als Ding unter Gegenständen zu
verhandeln. Gott passt nicht zusammen mit anderen
Objekten wie Weihnachtsmännern, Ufos oder Aliens.
Und jeder, der schon einmal Weihnachten gefeiert hat,
müsste es eigentlich wissen: Christen glauben gerade
nicht an ein „überirdisches" Wesen – das ist doch die
Pointe! Gott bezeichnet nicht den Gegenstand meiner
Verehrung (oder Verleugnung), auch nicht die Instanz
moralischer Instruktion, sondern Gott ist die kürzeste
Form für die Erzählung meines Lebensbezugspunktes.
Es geht darum, wem ich meine Hoffnung, meine Ängs-
te, mein Geschick, mein Leben, den Tag und den Moment widme.

Glauben meint nicht das Wunschkonzert unserer Bedürfnisse und Gott nicht das Klavier, auf dem es ge-
spielt wird. Ein Blick in die biblischen Geschichten

zeigt: Für Glauben und Gott gilt im Kontext der christlichen Religion nicht nur das Wortfeld: Trost, Halt, Geborgenheit, Heimat, Grund, Beruhigung, sondern mindestens ebenso: Fremdsein, Heimatlosigkeit, Suche, Verunsicherung, Aufbruch, Unruhe, Geduld, Passion.

Das hat damit zu tun, dass die christliche Religion ihre Kraft nicht dadurch entfaltet, dass sie das eine gegen das andere ausspielt. Sie sichert nicht das Leben gegen den Tod und Einheit gegen Trennung, Halt gegen Haltlosigkeit und Norm gegen Orientierungslosigkeit, Stärke gegen Schwäche oder Allmacht gegen Ohnmacht. Sondern hier wird den Prozessen des Vertrautwerdens und Fremdwerdens getraut, der Bewegung des Annäherns und Weggehens. Glauben heißt, in diesen Lebensprozessen eine Beziehungskraft wahrzunehmen, die das Leben trägt.[1]

Weil alle Menschen einmal „dran glauben müssen", müssen alle Menschen glauben. Beim Glauben geht es also um die Lebenswette. Die (Glaubens-)Frage lautet für alle Menschen gleich: „Worauf setzt du im Leben und im Sterben?" Ein Fußballklub aus dem Revier hat das verstanden, als er unter den Namen seines Vereins den Slogan setzte „Wir leben dich." Damit soll zum Ausdruck kommen, dass es um mehr geht als um eine Vereinsmitgliedschaft und ein Hobby. Der Club will die alles bestimmende und lebensbeherrschende Rolle spielen.

„Worauf setzt du im Leben und im Sterben?" Die Antworten können auch lauten: „Geld", „Nationalität", „Anstand", „Frömmigkeit", „Schönheit", „Gesundheit", „Umweltschutz" u.v.m. Christen setzen im Leben und Sterben auf das, was mit dem Wort →Evangelium abgekürzt wird.

Der Atheist macht mit dem Glauben *an* die Nicht-Existenz Gottes dasselbe wie der, der *an* die Existenz Gottes glaubt. Auch wer nicht glaubt, glaubt. „Man stellt die Gottesfrage nicht einfach nicht." (Norbert Bolz) Mit dem Glauben an die Nicht-Existenz Gottes versucht der Atheist sich Gewissheit zu verschaffen, indem er sich selbst von der Irrelevanz des Gottesproblems überzeugt. Auch Atheisten hoffen auf Erlösung und Ruhe. Wer könnte das nicht nachvollziehen: Am liebsten würden wir nicht glauben – Gott soll lieber tot sein –, in der Illusion, dass man dieses Thema dann endlich ganz unter Kontrolle hätte. Jedoch können Atheisten zwar die Antworten des Glaubens negieren, aber nicht die Fragen.

Zivilreligion ist Glauben an Anstand. Atheismus ist Glaube an den Unglauben. Christsein ist Glaubenswagnis *live*.

Ein Agnostiker glaubt, dass er nichts weiß, ein Atheist glaubt zu wissen, dass er nichts glaubt, und ein Christ weiß, dass wir immer schon alle dran glauben müssen und denkt gründlich darüber nach.

→ Worauf setzen Sie im Leben und im Sterben?

Absolutheitsanspruch

Totschlagargumente oder tolerante Leidenschaft

„Echter, ernstgemeinter Glaube muss alles daran set-
zen, Andersgläubige oder „Ungläubige" von der allei-
nigen Richtigkeit des eigenen Glaubens zu überzeugen.
Sonst wäre ja alles egal ..."

Tacheles

Christen glauben nicht an ihren Glauben, sondern
➔glauben: Sie setzen im Leben und Sterben auf das
➔Evangelium.

„Glauben an den eigenen Glauben" ist Fundamentalismus. Fundamentalismus hat eine beneidenswerte Uner-
schütterlichkeit. Elias Canetti sprach da vom „Gottprotz": „Der Gottprotz muss sich nie fragen, was
richtig ist, er schlägt es nach im Buch der Bücher. Da
findet er alles, was er braucht ... Was immer er unternehmen will, Gott unterschreibt es." [2]
Dieser Fundamentalismus ist im Christentum allein
schon deshalb Unsinn, weil die Bibel aus vielen Büchern
besteht, die vielstimmig sind und oftmals die gleiche
Begebenheit in Variation erzählen (➔Mythen). Sogar
„das Evangelium" gibt es in vierfacher Version (be-
nannt als Matthäus-, Markus-, Lukas- und Johannes-
Evangelium). Es handelt sich bei den biblischen Geschichten nicht um die Übersetzung eines vorgefundenen

15

Urtextes, sondern um ursprünglich mündlich überlieferte Erzählungen, um einen Kanon daraus entstandener vielfach bearbeiteter und übersetzter Texte.

Bei fundamentalistischer „Strenggläubigkeit" liegt die Betonung mehr auf der Anstrengung als auf dem Glauben. Der Grad der Anstrengung ist oft leicht erkennbar an einer Inflation der Selbstzuschreibungen: Christ; gläubiger Christ; echter gläubiger Christ; bekehrter echter gläubiger Christ; wiedergeborener, bekehrter, echter, gläubiger Christ; bibeltreuer, wiedergeborener, bekehrter, echter, gläubiger Christ; praktizierender, bibeltreuer, wiedergeborener, bekehrter, echter, gläubiger Christ ...: Uff! [3]

Forest Whitaker setzte bei seiner Oscar-Preisverleihung in Hollywood genau entgegengesetzt zum Gottprotz an. Er beschwor nicht stolz seine Glaubensleistungsfähigkeit, sondern sagte: „Ich danke Gott dafür, dass er immer an mich geglaubt hat." Das ist genial anti-fundamentalistisch.

Erst wenn →Glauben als existenzieller Akt verstanden wird, bekommen auch Zweifel und Leidenschaft eine sinnvolle Rolle und es wird bewusst, dass Absolutheitsansprüche problematisch sind, gerade wenn einem nicht alles egal ist. Damit meine Herzensbindung sich nicht totalitär auswirkt, muss ein Einspruch möglich sein.

Die Traditionen erzählen eindrücklich, dass und wie der Glaube Jesu immer wieder und bis zum Ende voller Zweifel und Anfechtung war. Vom tatkräftigen Petrus wird geschildert, wie er Jesus schließlich dreimal verleugnet. Und in keinem der Evangelien findet sich ein Hinweis darauf, dass auch nur einer seiner Jünger Jesus

16

in seiner dunkelsten Stunde beigestanden hätte. Nur drei Frauen standen zu ihm am Fuße des Kreuzes, was für die damalige Zeit noch peinlicher war, als heroisch alleine zu sterben.

Es ist darum in der christlichen Religion der leise Zweifel des Glaubens, ohne den er nicht sinnvoll glauben kann. Denn je fanatischer sich eine Wahrheitsentscheidung gebärdet, umso fragwürdiger wird sie hinsichtlich des verdrängten Zweifels.

Die Sehnsucht nach dem Totalen und Endgültigen ist menschlich. Wir sind fasziniert: Ganzes, Heiles, Reines und Endgültiges sprechen unsere Allmachtsfantasie an. Wir wollen mit der Sterblichkeit fertig werden, also damit, nicht Gott zu sein. Deshalb kann es gar nicht darum gehen, auf einen Absolutheitsanspruch zu verzichten, sondern es muss darum gehen, diesen so zu kultivieren, dass ich Gott, den Nächsten und mich selbst mit meinen Bedürfnissen nach Halt nicht ersticke.

Die christliche Religion macht es sich nicht leichter, als das Leben erlaubt. Glaube ist bei ihr weder blinder Gehorsam noch Willkür. Die Orientierung an christlicher Tradition ist eine Lebensentscheidung. Das Subjekt nimmt sich eine Wahrheit zu Herzen, die es nicht relativieren will. Es ist nicht bereit, Wahrheit sozusagen in den Plural zu setzen. Als persönliches Risiko kann seine Wahrheit nicht außerpersönlich gesichert werden. Der Bezug auf eine übergeordnete Instanz würde Wahrheit nur autoritär sicherstellen. Stattdessen wird die christliche Wahrheit selbst Autorität für das Subjekt.

Dem entsprechen Szenen in den biblischen Texten, wo im Blick auf Jesus selbst unsicher gefragt wird: „Wer ist dieser?" Die Beantwortung dieser Frage ist nicht durch die Verfasser der biblischen Texte vorentschieden. Offensichtlich lag ihnen mehr daran, die entsprechenden Orientierungsprozesse zu dokumentieren. Klaus Eulenberger führte dies in einer Adventsandacht zu Matthäus 11 aus: „Johannes ist im Gefängnis und lässt im Blick auf Jesus fragen: ‚Bist du es, der da kommen soll, oder sollen wir auf einen anderen warten?‘ (Vers 3) Dabei hatte Johannes, als er Jesus taufte, die Stimme vom Himmel gehört, die sprach: ‚Dies ist mein lieber Sohn, an dem ich Wohlgefallen habe.‘ War das nicht deutlich genug? Hat es der Stimme an Überzeugungskraft gefehlt?

Johannes, der es eigentlich wissen müsste, weiß es nicht mehr. Er fragt: Bist du es, oder sollen wir auf einen anderen warten?

Es geht also um unsere Erwartungen und deren Erfüllung. Wenn einer kommt, der erwartet wurde, bringt er Unschärfe mit. Seine Erscheinung beantwortet die Frage nicht eindeutig. Es ist eben nicht so, dass der Kommende in unser Bild des Erwarteten eintritt, indem er ganz in ihm aufgeht und von ihm nicht mehr zu unterscheiden ist. Er bringt etwas mit, was man nicht einordnen kann, was überraschend anders ist und verunsichert. Wir sehen hin und sagen: ‚Ja, das ist es‘, dann wieder: ‚Nein, doch nicht.‘ Das ist die Zwanghaftigkeit des Absolutheitsanspruchs: Wir haben eine sehr bestimmte Erwartung, die Jesus – als der Menschensohn – einlösen muss, um von uns identifiziert zu werden. Das gibt ein Problem: ‚Johannes isst nicht und trinkt nicht, und ihr sagt: Er ist besessen. Ich esse und trinke, und ihr sagt: Dieser Mensch ist ein Fresser und Weinsäufer‘ (Vers 19). D.h. ich kann es machen, wie ich will; immer werdet ihr Gründe finden zu sagen: Er ist es nicht.

Die souveräne Antwort Jesu aber lautet: ‚Geht hin und sagt Johannes, was ihr hört und seht ...‘ (Vers 5). Der Gefragte sagt also weder Ja noch Nein. Er sagt nur: Nimm wahr, was geschieht. Und zieh deine eigenen Schlüsse.“ [3]

Keiner kann einem die Lebenswette, die confessio, den gewagten, existenziellen Akt, abnehmen. Wer Bescheid wissen will, ehe er sich für oder gegen etwas entscheidet, wird in Glaubensdingen ohne Antwort bleiben.

Dazu sei noch angemerkt: In diesem Verständnis von Glauben als Lebenswette und existenziellem Wagnis wird es möglich, interreligiöse Dialoge weniger von Besitzansprüchen her als aus der Perspektive des Mangels zu führen. Es bleibt ein Rest, der nicht zu benennen ist. Insofern ist christlicher Glaube durch eine gewisse Nachlässigkeit gekennzeichnet, er bleibt offen und fähig zur Revision.

Entsprechende Bildungsprozesse zielen ausdrücklich darauf, Menschen zu befähigen, angesichts der →Fragwürde menschlichen Lebens entschieden Position zu beziehen, ohne diese zu verabsolutieren. Das erschöpft sich nicht im Sammeln oder Durchsetzen autorisierter Lehrsätze und normierter Verhaltensregeln, sondern zielt auf die Kompetenz, vertrauensvoll mit dem labilen Leben, mit dem Unwissbaren, Fremden umzugehen.

→ Faith and fury gehören zusammen. Glaube ohne Leidenschaft wäre Gedankenspiel. Leidenschaft ohne Glaubenswagnis jedoch liefe auf blindwütiges Besserwissen hinaus.

Bekehrung

Entschiedenheit oder Bescheidenheit

„Ich muss mich bekehren: Ich muss anständig werden und mich bewusst für einen Glauben entscheiden."

Tacheles

Die Lebenswette bedarf immer wieder eines gewagten, ungesicherten Schrittes. Aber das nennen die biblischen Geschichten aus guten Gründen nicht „Entscheidung", sondern →Glauben.

Das „Sich-Bekehren" ist die leistungsfromme Version der Lügengeschichte des Barons Münchhausen, der angeblich sich selbst samt Pferd an den eigenen Haaren aus dem Schlamassel zog. Die simple These nach moralischem Strickmuster lautet, man müsse nur wollen, anderenfalls halte man an irgendwelchen →Sünden fest, wolle gar nicht wirklich und sei folglich selber schuld.

„Ich habe mich bewusst persönlich entschieden." – Die Betonung der „Bewusstheit" des Bekehrungsgeschehens ist symptomatisch. Doch mit der verbreiteten Auffassung, dass der Anfang des Glaubens aus einem Akt des menschlichen Willens bestehe, ist eine schwerwiegende Verfälschung der christlichen Überlieferungen geschehen. Der Konversionsprozess, die Bekehrung, die Umkehr, die Buße selbst werden durch ein Leistungs- und Lohndenken verdorben.

In den biblischen Geschichten wird der Beginn des Glaubens als (Wieder-)Geburt bezeichnet. Geburt ist keine Willenssache. Bei der Erfahrung des →Evangeliums geht es nicht um eine Aktionsgeschichte, sondern um eine Passionsgeschichte, nicht um Entschiedenheit, sondern um Bescheidenheit. Ich weiß bei der Konversion gar nicht, wie mir geschieht, ich mache eine ganz neue „Erfahrung mit meinen Erfahrungen" (Eberhard Jüngel). Schilderungen von Bekehrungen in biblischen Geschichten sind durch vorübergehende Ohnmacht, Blindheit, Sprachlosigkeit und Lähmung gekennzeichnet. „Nicht der Glaube macht die Wiedergeburt, sondern die Wiedergeburt den Glauben."[4] Man kann sagen: God happens. Die Traditionen schildern dies anhand von Kindern als Propheten des Daseins: „Wer das Reich Gottes nicht empfängt wie ein Kind, der wird nicht hineinkommen." (Markus 10,15)

Noch kein Mensch hat sich selbst geboren. Der Theologe Karl Barth bezeichnete „die Vorstellung von einem Wählenkönnen gegenüber dem Namen Jesus Christus" als „das tief Unglaubwürdige an der Jesulatrie des Pietismus und der Erweckungsbewegungen dieser Zeit"[5] und klagt: „Dass wir doch nun ja nicht wieder selbst die Helden unserer Bekehrungsgeschichte sein wollen, auch nicht zur Hälfte, auch nicht zum kleinsten Teil!"[6]

Wie nimmt man ein Geschenk an, das man nicht verdient? Man sagt: „Danke." Und auch das ist keine Leistung, sondern zu verdanken, wie es in der letzten Strophe eines Kirchenliederschlagers heißt: „Herr, ich will dir danken, dass ich danken kann."[7]

➔ Ein Filmtipp: In der ersten Folge der dritten Staffel der US-amerikanischen Serie *Breaking Bad* spricht ein Therapeut die Gruppe seiner Drogenentzugspatienten an: „Wer ist hier, um sich weiterzuentwickeln? Na, kommt schon, hebt die Hände! Wer von euch ist hier, um sich aktiv persönlich weiterzuentwickeln?" Alle heben die Hände. „Na also, und das ist euer erster Fehler. Ihr solltet hier sein, um zu lernen, euch selbst zu akzeptieren." Klingt gut, oder?

Sünde

unanständig oder tragisch

„Sünde ist alles, was Spaß macht, und wird von den Religionen verboten ..."

Tacheles

Dieses weit verbreitete, moralische Sündenverständnis hat einzelne Tatsünden (Lügen, Stehlen, Geschwindigkeitsüberschreitung, zu viele Kalorien) im Sinn und ist der christlichen Religion nicht radikal genug.

Was soll das heißen? Selbstverständlich ist es schlecht zu stehlen und durch Raserei sich und andere zu gefährden, und selbstverständlich ist die Schokosahnetorte einfach ein Genuss. „Nicht radikal genug" zielt weder auf eine strengere Moralität noch auf eine Abschaffung der Moral, sondern auf ein Sündenverständnis, das den Horizont moralischer wie unmoralischer Taten übersteigt, ohne amoralisch zu werden. Amoralismus wäre nur die Kehrseite von Moralismus!

Mit Jesus von Nazareth vollzog sich eine Transformation vom moralischen zu einem transmoralischen Sündenverständnis. Was bedeutet das?

Das christliche, transmoralische Sündenverständnis nimmt in den Blick, was im mittelalterlichen *sundi / sunia / sundja* enthalten ist: den Notstand des Seins. Es geht hier nicht um einzelne menschliche (gute oder böse) *Taten*, sondern grundsätzlich um das menschliche *Sein*.

Um dies zu verstehen, müssen wir jede Menge verlernen und unsere Hörgewohnheiten ändern. Die Paradiesgeschichte (Genesis 2 und 3) erzählt mit dem „Fall Sünde" eben nicht, dass Adam und Eva unanständig waren, sondern dass die ganze Kreatur bei aller Begabung eigentümlich behindert ist: Es ist der Wurm drin. Adam und Eva schämen sich – aber nicht, weil sie prüde sind. „Sich schämen bedeutet, nichts dagegen tun können, dass man nichts dafür kann." (Günther Anders) „Scham" zeigt: Ich übernehme Verantwortung dafür, wofür ich nichts kann. Ich verantworte die Kontingenz meines Lebens. Die Pointe der biblischen Geschichte vom Sündenfall ist nicht der moralische Zeigefinger, sondern eine nüchterne Einschätzung, wie es in dieser Welt aussieht und „was geht": „Die universale Bedeutung von Genesis 2-3 liegt darin, dass hier die Geschöpflichkeit des Menschen zusammengesehen wird mit seiner Begrenztheit durch Fehlbarkeit, Leid, Mühsal und Tod."[8] „Shit happens." Beamte würden von einer Verkettung unglücklicher Ereignisse sprechen.

Martin Luther hatte in der Reformation dieses transmoralische, existenzielle, tragische Sündenverständnis mit lateinischen Begriffen umschrieben wie peccatum radicale (Wurzelsünde) oder peccatum originale (Ursünde). Er betonte, dass die eigentliche Sünde die Erbsünde ist. Das *muss* heute jeder Mensch missverstehen, weil man an die Vererbungslehre Darwins denkt, von der Luther noch gar nichts wissen konnte. Mit diesem für heutige Ohren wenig glücklich gewählten deutschen Wort „Erbsünde" (peccatum haereditarium) wollte Luther jedoch zum Ausdruck bringen, dass es eine ganz andere, transmoralische Qualität von „Sünd" gibt, die mit Anständigkeits- bzw. Unanständigkeitskategorien gar nicht erfasst ist. In der moralischen Welt der Tatsünden kann ich vielleicht einzelne schlimme Taten lassen oder wiedergutmachen oder sie verjähren. Worunter Luther litt und was ihn nicht losließ, war die Überzeugung, dass selbst übermenschliche moralische Leistungsfähigkeit ein gewisses „Fehlgefühl" nicht auslöschen kann. Viele Dichter, Philosophen und Theologen nach Luther haben ebenfalls versucht, dies treffend auszudrücken: Erbsünde meint einen „Grundschaden" (Sören Kierkegaard), meint das „beschädigte Leben" (Theodor W. Adorno); es geht um die „große Störung", die „die Heiligen und die Schweine betrifft" (Karl Barth). Erbsünde zielt auf eine globale, ja galaktische Dimension. Noch einmal: Sünde ist kein Tun, Sünde ist ein Sein.

Es ist wenig bekannt, dass Friedrich Nietzsche ganz in diesem Sinne dem Atheismus widersprochen hat. Es ging ihm nicht darum, dass Gott tot ist, sondern darum, dass wir den lebendigen Gott getötet haben und einen moralischen Über-Ich-Pappkameraden daraus gemacht haben. Darum hoffte Nietzsche auf eine „Häutung Gottes": „Gott zieht seine moralische Haut aus! Und ihr sollt ihn bald wieder sehn, jenseits von gut und böse", also jenseits der moralischen Vereinnahmungen.[9]

Hat man sich auf diese neue Perspektive umgestellt, beginnt allmählich zu dämmern, welch lebensbelastbares Trostpotenzial darin liegt. So konnte Martin Luther zum Beispiel in einem seelsorgerlichen Brief einen allzu ehrgeizigen Klosterbruder folgendermaßen vermahnen:

„Denn heute entbrennt die Versuchung zur Vermessenheit in vielen und besonders in denen, die sich mit allen Kräften bemühen, gerecht und gut zu sein ... Sie streben so lange aus sich selbst heraus, gut zu handeln, bis sie die Zuversicht haben, vor Gott bestehen zu können ... Hüte Dich, dass Du nicht einmal nach einer so großen Reinheit trachtest, dass Du vor Dir nicht als ein Sünder erscheinen oder gar sein willst. Denn Christus wohnt nur in Sündern ... Folglich wirst Du nur in ihm Frieden finden durch getroste Verzweiflung an Dir und Deinen Werken."[10]

Theologisch gilt also als Grundkoordinate für alles menschliche Wollen, Tun und Vollbringen in dieser Welt die ernüchternde These: Mit Behinderungen muss gerechnet werden. Das Leben ist behindert. Hinkende, Lahme, Schwache, Arme, Ängstliche, Verblendete, Betrogene, Enttäuschte, Irrende, Fremde, Orientierungslose, Abhängige, Verlassene geben das Bild ab für das so häufig Verdrängte und Ausgegrenzte, dem wir uns doch nicht entziehen können, weil es in uns selbst existiert. Wie zum Beispiel Paulus, ein hoch gebildeter antiker Jude, der mit seiner Selbsterkenntnis Sigmund Freuds Lebenswerk als Vorlage diente: „Ich weiß nicht, was ich tue. Denn ich tue nicht, was ich will; sondern was ich hasse, das tue ich ... Wollen habe ich wohl, aber das Gute vollbringen kann ich nicht. Denn das Gute, das ich will, das tue ich nicht; sondern das Böse, das ich nicht will, das tue ich ... Ich elender Mensch! Wer wird mich erlösen ..." (Römer 7,15-25)

Sowohl für das Individuum wie für die Gesellschaft macht es einen revolutionären Unterschied, ob nur moralistische Horizonte zur Verfügung stehen oder eine Ahnung von der transmoralischen Dimension des beschädigten Lebens, das es als solches zu verantworten gilt. Die realistische Selbst- und Welteinschätzung im Horizont eines theologisch aufgeklärten Verständnisses von Erbsünde birgt ein großes Selbst- und Weltveränderungspotenzial. Es lässt mich gelassener mit mir selbst, mit meinem Wollen und Streben und Sehnen, mit der Welt und mit dem Nächsten umgehen.

→ Eine Übung: Versuchen Sie, folgenden Bibelvers nicht moralisch, sondern existenziell zu übersetzen: „Gott aber erweist seine Liebe zu uns darin, dass Christus für uns gestorben ist, als wir noch Sünder waren." (Römer 5,8)

Evangelium

Naiv oder gelassen sein

„Evangelium" ist Naivität in weihevollem Tonfall, etwa so: „Der liebe Gott liebt alle Menschen, die es gut meinen und guten Willens sind, besonders die Armen und die Kinder und alle, die ungerecht behandelt werden ..."

Tacheles

Das Evangelium ist umwerfend (➔Bekehrung). Es ist die revolutionärste Umwertung aller Werte aller Zeiten. Wie soll man das erklären?

Evangelium heißt übersetzt „gute Nachricht" oder „frohe Botschaft". Doch „gute Nachricht" wovon? Dass frische Ware eingetroffen ist, dass noch Geld auf dem Konto ist, dass der Schnupfen abklingt?

Erklärungsversuche, was Evangelium bedeutet, klingen entweder gedankenlos naiv: „Gott hat alle Menschen lieb", oder laufen auf eine Art Moral light hinaus: „Wir sind alle kleine Sünderlein ..." Für Außenseiter klingt beides ziemlich albern. Verstehen Insider, was sie da sagen?

Das Evangelium, die frohe Botschaft der christlichen Religion, lautet, dass es noch eine andere Option in dieser Welt gibt als Moral. Wenn es in biblischen Texten heißt: „Das Reich der Himmel ist angebrochen",

28

oder: „Das Reich Gottes ist angebrochen", ist genau das damit gemeint (➜Himmel).

Von dieser neuen Option wird in der Theologie mit Fachbegriffen wie Gnade, Agape und Rechtfertigung des Gottlosen gesprochen. Wenn hier gleich darauf eingegangen wird, ist im Blick auf vertraute Hörgewohnheiten Vorsicht angesagt. Achtung: Dies sind *keine* Begriffe aus dem moralischen Register!

„Gnade" zum Beispiel ist in der Bibel im transmoralischen Sinne gemeint. Es geht nicht, wie im Alltag üblich, um „Gnade vor Recht", sondern um Erlösung und Entlastung vom existenziellen verstrickt Sein in die tragische Dimension des Lebens (➜Sünde). Das geht weit über alles Rechten, Richten und moralische Kalkulieren hinaus.

„Agape" ist eines von mehreren griechischen Worten für die Liebe. Sie meint im transmoralischen Sinne nicht Liebe, die auf der Basis der Reaktionen zweier Gegenüber funktioniert. Agape ist eine umfassende Beziehungskraft. Sie ist frei von der Welt des Bewertenmüssens, ein Zwang, der es uns so schwer macht, den eigenen Wert zu finden, ja uns oftmals dazu drängt, ihn erst durch die Entwertung eines anderen Menschen zu erzeugen. Agape ist bedingungslose, einseitige, befreiende und selbstvergessene Liebe – sie kommt von woanders.

Der Jugendradiosender *1LIVE* spielte in der Adventszeit in seinem Programm immer wieder den Jingle ein: „Weihnachten: Schenkt euch Liebe!" Das funktioniert nur, weil noch eine Restahnung von dieser „göttlichen Liebe" (Agape) existiert. „Liebe" alias Sex oder Gefühlsduseligkeit wäre an dieser Stelle zu banal (➜Evangelium, →Himmel). Der Reformator Martin Luther hatte die Logik der göttlichen Liebe schon 1518 auf den Punkt gebracht: „Menschliche Liebe entsteht an ihrem Gegenstand. Aber die Liebe Gottes findet ihren Gegenstand nicht vor, sondern schafft ihn sich erst."[11]

„Rechtfertigung des Gottlosen" meint im transmoralischen Sinne, dass das Dilemma von Schuld als Schicksal und Verhängnis jenseits von gut und böse und unabhängig von sittlicher und frommer Leistungsfähigkeit erledigt ist.

Nach Auffassung der neutestamentlichen Bibeltexte sind wir nämlich alle Sünder und alle gottlos (Römer 3,22-23). „Sünder", „gott-los-sein" heißt: wir besitzen die Wahrheit nicht. Und als solche sind wir gerechtfertigt.

Daraus erschließt sich auch die Bedeutung der Rede von „heilig". Wer „Heilige" nur als extra starke Vorbilder auf der Basis von Krankenheilungen versteht, verpasst das Beste. Es geht nicht um medizinisch zertifizierte Spontanheilungen (→Wunder) und es geht nicht um vorbildliche Moral. Gegen beides ist nichts einzuwenden. Es geht bei „heilig" aber darum, dass es nicht um uns, sondern um Gott geht: „Ein Heiliger darf sich nicht für den anderen Menschen als verwechselbar mit Gott hinstellen – oder mit seiner Heiligkeit anderen den Weg zu Gott verstellen. Dann wäre er besser nicht heilig ... Wenn von ‚Heiligen' die Rede ist, hört die Moral auf."[12] Das heißt „heilig" ist alles und jeder, insofern es oder sie ein gutes Medium ist für Gott. In den biblischen Texten ist von „Gefäßen" die Rede. Auch wenn es uns Menschen wichtig und hilfreich ist, kommt es für Gott dabei nicht auf Blattgold und reiche Verzierung

an: „Wir haben aber diesen Schatz in irdenen Gefäßen." (2. Korinther 4,7) *Das* ist der Grund, warum die
biblischen Geschichten voll sind mit den üblichen Ver-
dächtigen, den Outsidern und Outlaws, mit Verbrechern, Lügnern, Kleingläubigen, Schwachen, Choleri-
kern, Neidern, Hassern, Verrätern, Huren, Erpressern,
Besatzern und Mördern: Nicht um sie in die Wüste zu
jagen, sondern um sich mit ihnen gemeinsam an einen
Tisch zu setzen und die unerwartete, wunderbare gute
Nachricht zu feiern: „Stell dir vor: *Ich* – heilig gesprochen!" Unglaublich, aber wahr ...

Die große bleibende Gefahr liegt darin, Gnade, Agape
und die Rechtfertigung des Gottlosen doch wieder zu
verstehen als leistungsmoralische Reduktion auf die *eine*
Leistung, die es noch zu leisten gilt im Blick auf Leben
und Sterben. So ergänzen manche nämlich: „Die einzige
Leistung, die du bringen musst, ist zu glauben. Nur das
musst du." Doch das wäre die Perversion des Evangeliums. Evangelium bedeutet gerade die Aufhebung des
Leistungsdenkens – auch in seiner scheinbar frommen
Variante. Was das bedeutet, veranschaulicht eine Szene
in Markus 9,14-29. Dort wendet sich ein Mann, dessen
Sohn von Geburt an sehr krank ist, an Jesus. Wie verzweifelt dieser Vater ist, merkt man auch nach zweitau-
send Jahren noch an der Ambivalenz seines Verhaltens.
Einerseits tritt er ziemlich unverschämt und fordernd auf
(„Wenn du aber etwas kannst ..."), andererseits auch
sehr verzagt („... so erbarme dich unser und hilf uns!").
Jesus geht auf Augenhöhe und kontert: „Du sagst: Wenn
du kannst – alle Dinge sind möglich dem, der da glaubt."
(Vers 23) Daraufhin folgt als Reaktion des Vaters folgender Satz (dort steht, dass der Vater den Satz sofort

schrie): „Ich glaube; hilf meinem Unglauben!" (Vers 24)
Dem Vater wird in seinem reflexhaften Antworten bewusst, dass er den Mund zu voll nimmt, dass es jetzt
nicht um Großmäuligkeit gehen kann, sondern auf Ehr-
lichkeit ankommt. Und er „löst" diese Zwickmühle
durch diesen Satz, der als Muster menschlichen Glaubens gelten kann: „Ich glaube; hilf meinem Unglauben!"

Evangelium ist die revolutionärste Umwertung aller
Werte aller Zeiten. Ich weiß dabei gar nicht, wie mir
geschieht. Man kann sagen: God happens. Und: Ich
kann mein Ändern leben! Ich setze alles darauf, dass
ich, so wie ich bin, Ansehen vor Gott genieße. Mit dem
christlichen Evangelium verlässt Religion die Galaxie
der Moral.

Auf der Basis eines radikalen, transmoralischen
➔Sündenbegriffs beschreibt auch der Apostel Paulus in
seinem Brief an die Gemeinde in Rom eine Lebenswette
jenseits jeden Pflichtdenkens, jeder Verdienstlogik und
jeder moralisch-ethisch-religiösen Leistungsfähigkeit.
Das ist ziemlich verrückt. Das heißt, ich kalkuliere im
Leben und im Sterben nicht mit meiner vergleichsweise
guten (moralisch-religiösen) Fitness oder ersatzweise
damit, dass ich es doch immerhin stets gut gemeint
habe, und mit einem lieben Gott, der damit zufrieden
sein soll. Ich mache mir nichts vor, ich „verzweifle getrost an mir und meinen Werken" (Martin Luther), ich
verlasse mich (auf Gott) und setze allein auf einen unglaublich gnädigen Gott. Kurz: Ich glaube weder an
mich noch an meinen Glauben, sondern ich ➔glaube.

Gelassenheit, gelassen sein: Soll das heißen, dass alles egal ist? – Nein, im Gegenteil: Moral, Gesetz, Ordnung und ➔Werte sind unentbehrlich. Gesetz, Ord-

nung, Werte müssen sein! Aber sie gelten hier als notwendiges Übel. Ohne Recht und Ordnung ginge alles noch mehr drunter und drüber. Die Einhaltung von Regeln und das Erbringen von Leistung sind wichtig und gut. Sie lässt aber das Leben nicht gelingen. Die christliche Religion vertritt entschieden die Auffassung, dass Ordnung allein dem Leben nicht gerecht wird. Das bemerkt man allerdings erst, wenn man versucht, Ordnung zu halten. Moral, Gesetz und Werte machen ordentlich, aber nicht lebendig. Ordnung ist das *halbe* Leben. Dies führt zu einer großen Gelassenheit. So konnte Luther den paradox klingenden seelsorgerlichen Rat geben „Sündige tapfer" („pecca fortiter").

In diesem Sinn ist der Wert von Werten zu relativieren. An →Werten mangelt es nicht. Aber sie werden häufig überstrapaziert. Das war und ist die Erkenntnis der Reformation: Weder erfolgt die Rechtfertigung durch Gott durch gute Werke, noch erfolgt die Verwerfung durch Gott durch böse Werke. Es geht um ein neues Muster, einen neuen Rahmen. So heißt es in unübertroffener Lakonie in 1. Korinther 13 verbunden mit dem Schlüsselwort Agape: Wenn du alles hast und alles bringst im Register der Moral und nicht im Register von Agape, dann kannst du es vergessen.

Diese Lebenswette bleibt nicht ohne Folgen. Gerade die Befreiung von dem Druck, per Moral das Leben gelingen zu machen, setzt Früchte frei. Nur wer kein Scheinheiliger mehr zu sein braucht, kann ein geheiligtes Leben führen, ein Leben, an dem schon hier und dort und ab und zu ziemlich deutlich wird, was der Apostel Paulus mit eine „neue-Kreatur"-sein umschrieben hat (→Himmel).

Das Leitmotiv im Kontext des Evangeliums lautet nicht Werk, sondern Frucht. Von „Werkgerechtigkeit" kann in diesem Kontext nicht sinnvoll die Rede sein, weil es hier nicht um einen Handwerksbetrieb oder um ein neues Produkt geht, sondern um die „Produktionsbedingungen". „Der Himmel ist nicht mehr das Ziel der Werke, der Himmel gibt die Werke frei."[13]

Wer glaubt, vertraut sich dem Unglaublichen an. Die unglaublich gute Nachricht lautet: Weil ich bedingungsloses Ansehen vor Gott genieße, bin ich alle Bedingungen für meine Würde und mein Selbstbewusstsein los. Gleiches gilt natürlich auch für die Anerkennung der anderen. Und wenn meine Seligkeit nicht mehr an meine Zeugnisse, an mein Geld, Aussehen, Status und Image gebunden ist, brauche ich mir und anderen auch nicht länger etwas vorzumachen. Ich muss mich nicht länger ungnädig vergleichen und andererseits auch nicht alle und alles gleichmachen. Ich kann mir und anderen differenziert und individuell etwas gönnen und zumuten. Weil mir Würde, Anerkennung und Respekt grundsätzlich sicher sind und mein Seelenfrieden nicht von meiner Lebensleistungsfähigkeit abhängt, darum habe ich Lust dazu und Spaß daran, im Rahmen meiner Möglichkeiten „mit meinen Talenten zu wuchern" (siehe dazu Matthäus 25,14-30). Weil wir *vor Gott* alle gleich sind, kann ich hier und jetzt differenzieren. Diese Gnade, dieser Frieden, der höher ist als all unsere oft so kopflose Vernunft, setzen durchaus Leistung frei, niemals jedoch bewirkt Leistung Seelenfrieden – auch keine fromme Leistung!

→ Bleiben Sie gelassen!

Werte

Tugendterror oder Wertschätzung

„Überall herrscht ein gefährlicher Werteverlust! Jeder
macht, was er will! Wir müssen uns wieder auf unsere
Leitkultur besinnen! Haben nicht alle Religionen die
gleichen Werte?"

Tacheles

Der Wert von Werten wird überschätzt. An Werten
mangelt es keineswegs: Nächstenliebe, Pünktlichkeit,
Gleichberechtigung für alle und alles, normalerweise
nicht lügen, normalerweise treu sein, normalerweise
nicht zu schnell fahren. Von „Wertewandel" ist sofort
die Rede, wenn „meine" Werte scheinbar nicht mehr
von der Mehrheit geteilt werden – und es ist sehr häufig
von „Wertewandel" die Rede! Doch wer bewertet eigentlich die Werte?

Obwohl zurzeit „Achtsamkeit" stark aufgeholt hat,
funktioniert immer noch am besten „Gerechtigkeit",
denn für sie kann man sich so richtig schön empören.
Die inflationäre Aufladung menschlicher Weltret-
tungsversuche mit Gerechtigkeitsanhängseln (um-
welt-, bildungs-, frauen-, kind-, familien-, art-, alters-,
gender-, autogerecht) ist neben gern deplatzierten
Fairness-Appellen ein Symptom für das Bedürfnis, im
Blick auf das begrenzte Leben moralische Anerken-

nungspunkte zu sammeln. Mit →Evangelium hat das nichts zu tun.

„Wertigkeit neu erleben": Die Diskussion über Werte bewegt sich vielfach auf dem Niveau dieses Werbeslogans für eine Automarke. „Die Ethik, dieses Persilwort, wird permanent bemüht, um das Gewissen auf schonende Weise rein zu waschen."[14]

Hohe Gerichte und Politiker verfallen darauf, „Wertneutralität" als Spitzenwert durchboxen zu wollen. Soll denn Neutralität selbst Ehrensache sein? Nach einem Urteil des Stuttgarter Bundesverwaltungsgerichtes von 2006 im Zusammenhang mit dem Kopftuchstreit ist in der Schule nur eine neutrale Darstellung von Werten zu befürworten. Es gelte das „Erfordernis einer von Glaubensinhalten losgelösten Vermittlung der Wertewelt".[15] Die Auslegung durch das Gericht zielt dabei nicht auf ein bestimmtes Fach, sondern auf alle Fächer und auf die Lehrkräfte: Sie sollen sich neutral verhalten. Damit verkennt das Gericht die pädagogische Kernkompetenz, die gute Erziehung ausmacht, nämlich auf solche Art und Weise eine authentische, leidenschaftliche Persönlichkeit zu sein mit eigenen Überzeugungen, dass die Lernenden gefördert werden, auch authentische, leidenschaftliche Persönlichkeiten zu werden mit eigenen Überzeugungen.

Was dagegen „neutrale" Lehrer und Lehrerinnen bewirken, wird häufig im Schulunterricht schon sichtbar, wo gelernt wird, sich von allem zu distanzieren, unverbindlich zu sein, wegzusehen, politisch korrekt zu taktieren. Ein Abiturient schickte mir folgende Mail: „Vom Schüler wird erwartet alles anzunehmen, aber nicht zu hinterfragen oder der Sache für sich auf den Grund zu gehen, es wird lediglich der Schein gepflegt der Autonomie. Eine Lehrerin war bei uns immer ehrlich und sagte: ‚Fragt nicht, Leute, ihr bleibt dumm, aber dafür sorglos!' Ein anderer Lehrer meinte zu uns: ‚Schützt eure Autonomie und geht der Sache auf den Grund, nur will man das nicht mehr, jammerschade.'"

Die Sache mit den Werten und dem Werten ist nicht so einfach, wie es zunächst aussieht. Man bedenke: Nirgendwo herrscht ein höherer Werte- und Ehrenkodex als im Rockerbandenmilieu und bei der Mafia! Die Forderung nach Wertneutralität greift darum zu kurz, und ein entsprechender Wertekundeunterricht macht es einfacher, als das Leben erlaubt. Neutralität kann religiöse Verantwortung nicht ersetzen, weil Werte an sich wertlos sind. Das heißt: „Wertneutralität" ist der Killerwert, der alle Ethik als Anstrengung persönlicher Verantwortung tötet.

Werte kennen ohne werten lernen ist wertlos, weil Werte dann leicht überbewertet werden. Es geht nicht um Werte, sondern ums Werten: Abwerten, Entwerten, Aufwerten. In der Bibel heißt das „Die Geister (bzw. die Begeisterungen) unterscheiden" (1. Korinther 12,10). Das ist die Dimension, mit der religionspädagogische Bildung und Erziehung des Wertens über ethischen Fundamentalismus hinausgehen.

Gute Werteerziehung zeichnet sich dadurch aus, dass sie die Schüler und Schülerinnen buchstäblich in Mitleidenschaft zieht. Das macht Erziehung zu Wertentscheidungen als Thema und als Unterrichtsfach zu einer besonderen Herausforderung über eine bloße Informationsveranstaltung hinaus. Im Religionsunterricht geht es um die Frage, wie in Herzensangelegenheiten das Antworten zu verantworten ist.

Wie diplomatisch kann man als Christ sein? Die mit der christlichen Werteerziehung verbundene Relativierung der eigenen Religion geschieht keineswegs aus Gleichgültigkeit, political correctness oder mangelndem Selbstbewusstsein, sondern aus theologischen Gründen – wortwörtlich „um Gottes Willen". In der christlichen Werteerziehung hat dies vorbildlich seinen Niederschlag bis in die Lehrpläne gefunden, wo es zum Beispiel heißt: „Wesentliche Arbeitsvorgänge im Religionsunterricht lassen sich mit dem Begriff ‚Kritisches Verstehen' zusammenfassen ... In dieser theologischen Ideologiekritik wird Ideologie verstanden als der immer gleiche Versuch des Menschen, seine eigene Endlichkeit und Geschichtlichkeit dadurch zu verhüllen, dass er sich und Objekten seiner Welt Unendlichkeit zuspricht ... der Christ ... ist ... auch zum ständigen Ideologieverdacht gegen sich selbst verpflichtet."[16] Solch öffentlicher, selbstkritischer Religionsunterricht kann als Trainingsfeld leidenschaftlicher Auseinandersetzungen die Grundausbildung für ein existenzielles Werten und Orientieren bieten, das nicht über Leichen geht.

Komplexe Probleme verführen oft zu einfachen, leicht verständlichen, falschen Antworten. Glaubens- und Bekenntnisfragen irrationalisieren nicht die Wertedebatte, sondern radikalisieren Rationalität wertvoll. Wer das nicht wahrhaben und Religion „neutral" lassen will, muss zusehen, wie Religiosität im Privaten gärt, um irgendwann zu explodieren.

→ Darum: Klare Ansagen machen. Und dann nicht nur weiter Werte predigen, sondern werten üben.

Kreuz

Sadomasochismus oder Sympathie

„Beim Kreuz geht es um eine Art Deal mit Gott als unbestechlichem und grausamem Buchhalter. Der Deal lautet: ‚Jesus starb für dich. Was tust du für ihn?' Allerdings ist eine Kreuzigung eine grausame Angelegenheit, die man heute vor allem Kindern nicht mehr zumuten kann ...“

Tacheles

Es geht beim Symbol des Kreuzes grundsätzlich nicht um einen sadomasochistischen göttlich-menschlichen Opferkult; es geht auch nicht darum, was wir für Gott tun können, nicht um eine Bringschuld in Form von Opfer, Selbstkasteiung und Selbstgeißelung, um uns zu revanchieren. Diese Lesarten sind Perversionen christlicher Religion. Das Kreuz symbolisiert: Gott macht die Tragik des Lebens (→Sünde) als passionierter Liebhaber der geschundenen Schöpfung mit sich selbst aus.

Das Karfreitagsgeschehen ist und bleibt zwar blutig, es geht aber nicht um einen Menschenopferkult, der uns mit schlechtem Gewissen unter einen moralischen Druck setzt, dem wir nie gerecht werden könnten. Das Passionsgeschehen ist gar kein moralisches Drama. Es ist die Szenerie eines bedingungslos solidarischen Gottes. Ostern ist die Verabschiedung von allen Opferspielchen. Egal, ob als Opfer oder als Täter: Das Kreuz ermöglicht es, darauf zu verzichten, sich länger über Schuld zu definieren.

Christen versammeln sich unter dem Symbol des Kreuzes, um auszudrücken, dass Gott auch im Elend und im Siechen geglaubt wird und lebt. Die tiefste Depression, die größte Qual, die stärkste Einsamkeit ist nicht gottlos. Auch wenn die Sache schon zum Himmel stinkt: Es ist nie zu spät.[17]

Das Lukasevangelium bildet am meisten das Ungenügen des Lohn- und Leistungsdenkens für die Frage nach der Lebensbilanz ab, indem es eine eigene Version der Kreuzigung schildert. Während das Matthäusevangelium nur kommentarlos anmerkt, dass mit Jesus auch zwei Verbrecher gekreuzigt wurden (woraus man vielleicht den Trost der Leidensgenossenschaft ziehen könnte), legt das Markusevangelium Wert darauf, dass selbst die beiden Mitgefolterten den Typ in ihrer Mitte verachteten und sich verzweifelt an ihren Zynismus klammerten. Nur das Lukasevangelium schildert in Lukas 23,39-43, dass es einem von den mitgekreuzigten Verbrechern wie Schuppen von den Augen fällt, dass es noch eine ganz andere qualifizierende Perspektive auf das Leben gibt. Schön, wenn man das schon früh begreift. Aber wann sollte diese Perspektive wichtiger sein, als gerade dann, im Angesicht des Todes?

Der Satz „Jesus ist für mich gestorben", ist christlich nur sinnvoll in der Betonung, mit der ihn jemand sprechen würde, der Unglauben und Resignation zum Ausdruck bringen will.

Die Idee, im profanen Foltertod eines Menschen einen liebenden Gott zu sehen, ist religionsgeschichtlich einzigartig. Während hellenistische und asiatische Kulturen gar nicht denken können, dass Gott den Tod erleiden kann, identifiziert sich in der christlichen Religion Gott mit der Sterblichkeit und überspielt sie nicht. Es ist schon eine sehr spezielle Theo-Logie, die von Anfang an als Torheit und als skandalös empfunden wurde (vgl. 1. Korinther 1,23). Menschliche Bedürfnisse projizieren von sich aus eher Götterbilder, die völlig unkontaminiert über den Niederungen menschlichen Elends schweben.

Das Kreuz sagt: Gott ist schuld. Gott macht das mit sich aus. So ist die bildhafte Sprache von Bibelstellen im Übergang vom moralischen zum tragischen Register zu verstehen wie zum Beispiel Markus 10,45 (Lösegeld), Römer 3,25 (Sühnmal), 1 Korinther 5,7 (Schlachtlamm), 2. Korinther 5,19 (Rechnung). „Gott ... befreit vom moralischen Gewissen – sowohl vom guten als auch vom schlechten.“[18]

Die von moralistischen Hör- und Denkgewohnheiten befreite Theologie des Kreuzes lautet also, dass es nicht um ein Sühneopfer geht für die verletzte Ehre eines Inkasso-Gottes, sondern um ein religionsgeschichtlich radikal neues, solidarisches und sympathisches Gottesbild.

Von hier aus erklärt sich auch die Rede vom Zorn Gottes, die sich auch im Neuen Testament noch mehrfach finden lässt. Die Rede vom Zorn Gottes ist im Evangelium nicht als Drohung mit Liebesentzug zu verstehen, sondern als „Gegengift gegen das Abwiegeln“. Zorn Gottes heißt: Gott regt sich auf, es ist ihm nicht alles egal: „Der Zorn Gottes richtet sich auf eine Welt, die so ist wie sie ist. Er richtet sich dagegen, dass Leben verhindert und verletzt wird. Er lässt nicht zu, dass wir uns darüber beruhigen, dass die Welt so ist, wie sie ist. Empfindlich bleiben und empfindsam dafür, dass Leben verletzt und zerstört wird – das ist Zorn Gottes."[19]

→ Nur Geduld! Schuld und Opfer sind Denkmuster, die Zeit brauchen, um sie sich abzugewöhnen.

Beten

kindisch oder kindlich

„Beten ist eine magische Technik für gefühlsbetonte Menschen, um höhere Mächte für eigene Interessen zu beeinflussen ..."

Tacheles

„Und wenn ihr betet, sollt ihr nicht sein wie die Heuchler, die gern in den Synagogen und an den Straßenecken stehen und beten, damit sie von den Leuten gesehen werden. ... Wenn du aber betest, so geh in dein Kämmerlein und schließ die Tür ... Und wenn ihr betet, sollt ihr nicht viel plappern ..." (Matthäus 6,5-7)

Beim Beten stehen wir uns selbst im Weg. Denn wenn wir beten, menschelt es: Wir haben menschliche Worte, menschliche Bedürfnisse, menschliche Pläne. Doch wie soll das zu Gott gelangen? Und wie soll Gott zu Wort kommen?

Im Kontext christlicher Religion ist Gebet der Fachbegriff für eine alltägliche Grundhaltung: Ich mache meine Hoffnungen und Ängste, mein Geschick, mein Leben, den Tag und den Moment nicht von meinen Launen oder Mitmenschen abhängig oder von all den schönen oder auch bedrohlichen Dingen, die dazu gehören, sondern widme mein Leben einer größeren Macht, von der ich annehme, dass sie mir das Leben gönnt. Es geht beim Beten also gerade nicht um die Beschwörung einer perfekten Harmonie, in der meine Bedürfnisse mit Gott verschmelzen und alles andere als Störung ausgeblendet wird. Das wäre kindisch. Sondern wie ein Kind – kindlich – bringe ich meine Anliegen mal dankend, mal anklagend, mal bereit zur Versöhnung, mal sehnsüchtig nach Vergebung, mal bittend und mal mit Fürbitte für andere vor eine höhere Macht. Das macht nüchtern, relativiert die Angst und gibt unserem Glück und Unglück einen Bezugspunkt. Es gewährt den Mindestabstand mir selbst gegenüber, ohne den auch der nötige Funke kritischen Verstandes nicht mehr zünden kann.

Gebet ist – mit mehr oder weniger Worten – beziehungsmäßiger Umgang mit Gott zwischen Allmachtsfantasien und Ohnmachtspanik. Joachim Scharfenberg hat vom Beten als „Erziehung des Wunsches" gesprochen.[20] Paradox zugespitzt kann man sagen: Beten kann nur sinnvoll sein, weil es nichts nutzt. Alles andere wäre Popanz und Götzendienst, wäre Gott als exklusiver Bedürfnisbefriedigungsautomat.

Sinnvoll von „Gebetserhörung" zu sprechen bedeutet, ich schreibe ein Ereignis Gott zu, während ich vorsichtig weiter in Kontakt bleibe. Eine Gebetserhörung öffentlich, zum Beispiel in einem Gottesdienst oder Hauskreis, mitzuteilen ist heikel, weil der Eindruck entstehen kann, es handele sich um eine Frömmigkeitsleistung, mit der persönliche Wünsche erfüllt würden. Wie gesagt: Es wäre verstiegen, zu glauben, durch Wortreichtum Gott zur Erfüllung persönlicher Herzenswünsche zu bewegen. Das gilt auch für unsere Sehnsucht, von Gottes Handeln „ganz konkret" erzählen zu können. Die Herausforderung beim intim-vertrauensvollen Gebet liegt darin, trotz der schönen vertraulichen Anrede mit „Abba" („Papa") Gott Gott sein zu lassen. Das ist eine schwierige Übung.

„Es betet nicht immer der, der mit ‚lieber Gott' anfängt und mit ‚Amen' aufhört. Auch der Schrei, die Klage eines Menschen – und sein Lachen – kann Gebet sein."[21] Gebet ist sprachlicher Weltumgang, Existenz verantworten (wortwörtlich), Lebensdialog, Lebenswette, Glaubenswagnis *live*: Das ist gemeint mit „betet ohne Unterlass" (1. Thessalonicher 5,17).

Gebetsgemeinschaften sind darum heikel und nur zu verantworten, wenn alle sich bewusst sind, dass ihre „Mitteilungen an die Adresse Gott" wie jede Nachricht vier Botschaften enthält: eine Sachinformation, eine Selbstkundgabe, eine Beziehungsdimension und einen Appell. Das bedeutet: Gebetsgemeinschaft ist immer auch Gruppenkommunikation und braucht besondere Disziplin. Sonst läuft es auf einen „Seelenstriptease" heraus, wie er auch in Fernsehformaten des Nachmittagsprogramms zu finden ist, die vorgeben, Menschen helfen zu wollen und dabei in Kauf nehmen, dass diese sich vor aller Welt entblößen. „Gebet als Glaubensdemonstration, Gebet als verkleidete Predigt, Gebet als Instrument der Erbauung ist ein heller Unfug, ist kein Gebet. Gebet ist kein Gebet, wenn man dabei einem Anderen als Gott etwas sagen will."[22] Das gemeinschaftliche Gebet kann schnell zu einem Medium verkommen, wo man sich mit „strategischer Demut" (Max Goldt) produziert, dabei aber nach links und rechts austeilt und fröhlich unterjubelt, was man immer schon mal anbringen wollte.

Auch bei öffentlichen Fürbittgebeten lauern solche psychologischen Fallen. Fürbittempfänger, also Menschen, die wissen, dass man für sie betet, können beispielsweise unter Stress geraten, weil sie nicht enttäuschen und undankbar erscheinen wollen.

Beten unter eine ständige Vernunftkontrolle zu stellen, scheint aber auch nicht sinnvoll. In den Gebetstraditionen gibt es darum ritualisierte Formen, mit denen die Beter wenigstens versuchen können, Raum zu lassen und nicht alles durch sich selbst auszufüllen. Liturgisch-rituelle Inhalte und Formen sind ein wichtiger Schutz für öffentlich gesprochene Gebete.

Die Jünger hatten verschiedentlich beobachtet, wie Jesus sich zurückzog, um zu beten. Ihnen dämmerte: Beten muss man lernen – „Herr, lehre uns beten" (Lukas 11,1).

Für eine gepflegte Gebetskultur – im Loben und Danken wie im Bitten, Klagen und Fluchen – gelten folgende Empfehlungen:

1) Ins Kämmerlein gehen.

2) Wir dürfen Papa zu Gott sagen und kindlich sein – nicht kindisch.

3) Eher seufzen, weniger plappern, gern auch mal die Klappe halten. „Denn wir wissen (eigentlich) nicht, was wir beten sollen, wie sich's gebührt; sondern der Geist selbst vertritt uns mit unaussprechlichem Seufzen." (Römer 8,26)

➜ Hatte einer hinten an der Autoscheibe kleben: „Real Men Pray". Amen.

Mythen

richtig oder wahr

„Biblische Geschichten sind fromme Legenden, die als Hollywood-Verfilmung vielleicht einen gewissen Unterhaltungswert haben, aber im Blick auf naturwissenschaftliche Erkenntnisse nicht belastbar sind."

Tacheles

Ein typisches Beispiel für diese Einstellung gab der sympathische Schauspieler Christian Ulmen, der in einem Interview der Frankfurter Rundschau sagte: „Ich bin mit den mitreißenden Geschichten von Adam und Eva, Kain und Abel, David und Goliath, Jakob und Esau aufgewachsen und habe sie geglaubt und gemocht. Spätestens mit dem Kapitel Evolution im Biologieunterricht hatten sich diese Geschichten für mich erledigt."[23]

Was sich damit erledigt hat, ist die Religion des Kreationismus.

Kreationismus liest die biblischen Schöpfungsgeschichten als historische Protokolle und hält die wissenschaftliche Theorie einer Evolution für einen Irrtum bzw. für frei erfunden. Wo Kreationismus sich erledigt hat, fängt die „mitreißende" christliche Religion jedoch erst an. Wie verhält es sich genau mit dem Verhältnis von Echtheit und Wahrhaftigkeit biblischer Geschichten nach dem Verständnis christlicher Theologie?

„Reine Fakten" und „nackte Tatsachen" werden überschätzt. Wer „Fakten, Fakten, Fakten" sagt, verschleiert, dass es ihm um gute Stories geht. Geschichten sind nicht nur eine der ältesten, sondern auch eine der effizientesten Methoden, Wissen zu speichern und weiterzugeben. Das Verstehen der Welt, des Kosmos, des Lebens formt sich nicht in Tabellen und Zahlen allein, sondern dadurch, Zahlen und Daten in Geschichten einzubetten. Erst dadurch erfolgt die Wertsteigerung von bloßen informativen Richtigkeiten zu lebensbedeutsamen Wahrheiten: „Sinnfragen lassen sich nicht mit Informationen beantworten. Aber eine gute Geschichte stiftet Sinn; und die beste Geschichte, die wir kennen, ist die von Jesus Christus."[24]

Das Leben erzählt seine Geschichten; *Bibelgeschichten sind Lebensgeschichten*[25]. Sprachwissenschaftlich wird dies unter dem Begriff des Storytelling erforscht. Der Clou der biblischen Texte ist demnach gar nicht die jeweilige Richtigkeit historischer Berichterstattung, sondern Verdichtung von Lebensgeschichten in Witz und Wahrheit.

Der Religionswissenschaftler Clifford Geertz bezeichnete seinen Forschungsansatz als „dichte Beschreibung".[26] Der Germanist Helmut Lethen stellte fest, Erzählungen seien „offenbar immer die strapazierfähigsten Evidenzcontainer". Das heißt, Erzählungen und Geschichten, die im Alltag ausgetauscht werden, weisen einen hohen Informationsgehalt auf und bleiben gut im Gedächtnis haften. Was war früher, was ist heute, und wie sind die einzelnen Zustände auseinander hervorgegangen? Was wurde wodurch bedingt? Vor welchem Hintergrund spielt sich das alles ab? Wie ist meine

Welt, in der ich jetzt vor Entscheidungen stehe, beschaffen? Welche Schlüsse lassen die Erfahrungen der Vergangenheit auf die Zukunft zu? Geschichtenerzählen ist eine Methode des Wissensmanagements mit dem Potenzial, denjenigen kognitiven wie auch emotional geprägten Wissensinhalten gerecht zu werden, die rein technischen oder rein informativ ausgerichteten Instrumenten kaum oder gar nicht zugänglich sind.

Im Blick auf das →Evangelium bedeutet das z.B., dass es einen „richtigen" Kern gibt – Jesus als eine historisch nachweisbare Person, die zu einer bestimmten Zeit an einem bestimmten Ort gewirkt hat. So weit der Info-Teil. Aber was sagt das? *„Erzählt* wird, was Menschen von Gott ahnten, wenn sie Jesus begegneten, was sie von Gott verstanden, wenn sie Jesu Worten zuhörten, was sie von Gott spürten, wenn Jesus sie heilend berührte. All dies ist *nicht* zu klären mit Fragen wie ,Stimmt das?'"[27]

Im österlichen *Faktencheck* des ZDF wurden die Evangelisten Matthäus, Markus, Lukas und Johannes undifferenziert zitiert, als wären diese als Augenzeugen dabei gewesen und als gäbe es keine exegetischen Wissenschaften, von denen jeder Theologiestudent ein Lied singen kann. Wenn wir distanzlos erzählen, als wüssten wir genau, was damals geschehen ist, werden wir dem Format von Wahrheit nicht gerecht. Wir stellen uns und Gott förmlich ins Abseits. Martina Steinkühler favorisiert darum „Öffner", einen gewissen „Dreh", der unserm Erzählen den richtigen Ansatz gibt. Zu fragen ist zum Beispiel nicht, ob im Paradiesgarten ein Apfelbaum oder ein Birnbaum gestanden hat, sondern der „Dreh", der „Öffner" für die Wahrheitsfrage könnte lauten:

„Die Menschen überlegen, warum das Leben so mühsam ist."[28] Wir fragen nicht: Warum schickte Gott die Sintflut? Zu fragen ist: Warum erzählt ein Erzähler so etwas von Gott? Durch diese kleine Distanz wird es nicht etwa weniger lebendig und authentisch – im Gegenteil! Erst so eröffnet sich der für Glaubensfragen unerlässliche Beziehungsraum. Die Bibel ist voller Liebe und Leid, Verrat und Missgunst, Angst und Hoffnung: Weil uns nichts davon fremd ist, rücken uns ihre Geschichten auf den Leib.

Der bewusste Einsatz des Erzählens, um die spezifischen Chancen von Geschichten zu nutzen, wird in der christlichen Religion positiv als ein Arbeiten mit „gebrochenem Mythos" bezeichnet. Eugen Drewermann nennt als Beispiel dafür die biblischen Urgeschichten der Genesis und erklärt:

„So verstanden ‚erklärt' der Mythos nicht eigentlich die Welt, sondern stellt sie dar; in einer Erzählung der Urzeit beschreibt er, was ‚niemals war und immer ist' … Statt den historischen Anfang des Menschen zu beschreiben, beschreibt die Urgeschichte, was der Mensch in seinem Wesen ist, was er schon immer war, wie er von Anfang an gewesen ist. So wie die Erschaffung durch Gott aus dem Staub der Erde nicht ausdrücken will, wie der Mensch entstanden ist, sondern wie der Mensch seiner Natur nach ist, so will die ganze Urgeschichte nicht eine Darstellung der prähistorischen Entwicklung des Menschen geben, sondern … beschreiben, was und wie der Mensch immer war und gewesen ist."[29]

Wie es eben angesichts morgendlicher Zeitungslektüre oder bei der *Tagesschau* manchmal aus einem heraus-

fährt: „In was für einer Welt leben wir eigentlich?!" –
Um diese Frage geht es.

Das gilt auch für Gleichnisse: Dass Jesus in Gleichnissen redete, begründete er nicht damit, dass damit
Schwieriges leichter verständlich gemacht werden solle
(was heute eine gängige Deutung ist). Sondern er tat
dies mit der systemischen Absicht, Hör- und Sehge-
wohnheiten zu irritieren: „Darum rede ich zu ihnen in
Gleichnissen. Denn mit sehenden Augen sehen sie nicht
und mit hörenden Ohren hören sie nicht" (Matthäus
13,13). Sprache ist ein bildgebendes Verfahren. Gleichnis ist nicht „Vergleichung", sondern Wirkung (Perfor-
manz):

„Der Glaube redet im Gleichnis, in dem die Wirklichkeit ihre Transparenz wiedergewinnt. Das Gleichnis
nimmt das Wesen des ‚Mythos' auf einer anderen Stufe
der Entwicklung wieder auf. Das Wort Gleichnis legt
freilich den Irrtum nahe, als ob es sich dabei um die
Vergleichung als eine poetisch oder logisch bedeutungs-
volle Kunstform der Rede handle. Das wäre ein völliges
Missverständnis. Gleichnis ist nicht Vergleichung. Im
echten Gleichnis ist nicht von zwei verschiedenartigen
Inhalten die Rede, die nachträglich in Beziehung zuei-
nander gesetzt würden. Vielmehr erschließt im Gleichnis ein Geschehen seine Tiefe, es öffnet den Blick für die
zugrunde liegende Wirklichkeit. Statt auf den Kausal-
zusammenhang mit dem, was vorher und nachher liegt,
schaut der Glaube auf das, was sich darin als der tra-
gende Grund offenbart. Das Wesen des Vorgangs
kommt zum Bewusstsein. Das Gleichnis ist die Rede
von dem, was ein Geschehen bedeutet, was es mich
angeht. Aus einem bloßen Geschehen wird ein Ereig-

nis ... In der Gleichnisrede wird das Geschehen des Tages so gefasst, dass aus ihm die ewig wirkende Wahrheit aufleuchtet. Es ist das Gespräch des Tages und doch die Kunde aus einer ewigen Welt ... Nur an Bedingtem haben wir das Unbedingte: Dieser grundlegenden Erkenntnis wird die Gleichnisrede gerecht. Es wäre eine völlige Verkennung ihres Wesens, wollten wir sie, wie es zumeist geschieht, als Erläuterung einer auch ohne ihre ‚Beispiele' feststehenden und erfassbaren allgemeinen Wahrheit verstehen."[30]

Es geht also bei Mythos und Gleichnis darum, dass Hör- und Denkgewohnheiten unterbrochen werden und stereotype Bedeutungsaufladungen geleert werden. Bei Batterien spricht man davon, den „Memoryeffekt" zu löschen, um die Speicherleistung frisch zu halten.

→ So sieht die Sache gleich ganz anders aus: Mythen und Märchen sind nicht dümmer als historische Berichte oder naturwissenschaftliche Analysen, sondern auf eine andere, ganz eigene Art smart.

Wunder

tricky oder weise

„Angestrengt gläubige Menschen glauben daran, dass
Gott manchmal die Naturgesetze außer Kraft setzt, um
Krankheiten zu heilen oder Unglücke abzuwenden ..."

Tacheles

„Wunder gibt es immer wieder" (Katja Eppstein).

Dass das Thema Wunder eine Zumutung ist für den-
kende Menschen, führt zu vielfachen Erklärungs- oder
auch Vermeidungsversuchen. Fundamentalistisch-bib-
lizistische Ansätze vertreten zum Beispiel die Auffassung, es gäbe an den Wundergeschichten nichts zu
zweifeln; sie hätten genau in der geschilderten Form
stattgefunden. Vertreter einer rationalisierenden Lesart
wollen sich der Zumutung durch die Erklärung entziehen, dass die Wunder Jesu auf Tatsachen beruhen, die
gar nichts Übernatürliches an sich haben; man könnte
sie erklären, wenn nur eine genauere Kenntnis der nä-
heren Begleitumstände möglich wäre. Wieder andere
relativieren die Zumutung und meinen, die Wunderer-
zählungen seien ja „nur symbolisch" gedacht.

Dass die wunderbaren Begebenheiten in den Schilderungen biblischer Geschichten wie auch viele „normale",
ja banale Alltagsszenen eine symbolisch-gleichnishafte
Deutungsdimension haben, ist nicht zu unterschätzen

und macht gerade den Mehrwert erzählerischer Textformen gegenüber Tatsachenprotokollen aus (➜Mythen). Es gibt aber gute Gründe, die Frage nach dem Unerklärlichen nicht im Symbolischen aufgehen zu lassen, sondern einen Rest an Zumutung und Unerklärbarkeit offen zu lassen. Das gilt aber nur, wenn es nicht um Mirakel geht, also um die zauberhafte Show-Welt der Illusionskünstler, sondern um – Wunder.

Die Theologen Stefan Alkier und Bernhard Dressler haben dementsprechend empfohlen, Wundergeschichten als fremde Welten lesen zu lernen. Sie schreiben:

„Texte, und damit auch Wundergeschichten, sollten grundsätzlich als fremde Welten gelesen werden, die wir ganz neu erkunden müssen, als wären wir die Crew von Captain Kirk ... (Es) scheint eine Wissenschaftsgläubigkeit noch relativ ungebrochen zu sein, die sich ... in der Meinung niederschlägt, dass alles, was nicht mehr gewusst werden kann, auch nicht mehr geglaubt werden darf ...

Das Wunder *als* Wunder wird zum Zeichen eines unzureichenden Wissens ...

Wenn wir Texte als fremde Welten lesen, dürfen wir aber nicht davon ausgehen, dass unsere Enzyklopädie, mit der wir die Tageszeitung lesen, den Bibeltexten angemessen ist ... Wir dürfen in die biblischen Geschichten nicht unser kulturelles Wissen, nicht unsere Rationalismen und auch nicht unsere Empfindungen eintragen, wenn wir die biblischen Erzählungen ... nicht unnötigerweise erzählen lassen wollen, was wir eh schon wissen und immer schon gedacht haben."[31]

Wunder sind Performances von woanders, aber nicht jede andersartige Performance ist ein Wunder. Dass sie das nicht verstanden haben, verraten die Jünger mit ihrer Klage: Warum können wir keine Wunder machen? (vgl. Markus 9,14-29). Geht es uns nicht genauso? Würden wir nicht auch wie die Jünger gerne bezaubernd sein? Mirakel, Zauberei auf der einen Seite und Wunder auf der anderen Seite meinen aber Verschiedenes. Wunder geschehen auf der Basis von →Beten und Fasten (vgl. Markus 9,29). Sie sind auf jeden Fall nicht machbar.

Auch über die Vorgestrigkeit mancher Wissenschaftsjournalisten kann man sich nur wundern. So kündigte eine Fernsehzeitschrift zur Osterzeit eine Sendung an unter der Überschrift: „Sind Wunder noch zeitgemäß?" Diese tendenziöse Frage steht für die Ignoranz einer Wissenschafts- und Fortschrittsgläubigkeit, die davon ausgeht, früher sei man leichtgläubiger und abergläubiger gewesen als heute. Das ist im Blick auf den Volksbildungsauftrag ebenso schmeichelhaft wie gefährlich, weil es nicht stimmt. Eine der bedeutendsten philosophischen Erkenntnisse der Moderne ist die von der „Dialektik der Aufklärung". Diese Formulierung bezeichnet das paradoxe Phänomen, dass Aufklärung unter bestimmten Bedingungen unbemerkt immer wieder in Unmündigkeit umschlägt.

Aufklärung ist gut, wenn auch häufig unangenehm, weil sie heilsame Ent-Täuschungen bietet. Aber als Einbildung, als pauschale Selbstzuschreibung, dass wir ja heute alle so aufgeklärt sind gegenüber dem finsteren Mittelalter, als bloßes Image also ist Aufklärung gefährlich. Denn umso mehr man sich für aufgeklärt hält, desto blinder ist man. Der Grad eingebildeter Aufgeklärtheit hängt direkt zusammen mit dem Maß an Manipulierbarkeit.

In Zusammenhang mit Heilungswundern wurde in der Fernsehsendung übrigens der Begriff „Spontanheilung" eingeführt. Das klingt zwar im ersten Moment neutraler, verbirgt aber die hier vorliegende intellektuelle Not, was die Sache wissenschaftlich unseriös macht. „Spontanheilung" ist (wie „Urknall") ein Verlegenheitsbegriff für ein Wunder, von dem man nicht weiß, wem man es zuschreiben soll. Und das ist doch okay. Wer wollte jemandem verwehren, ein Wunder Gott zuzuschreiben?

„Es gibt mehr Ding' im Himmel und auf Erden, als eure Schulweisheit sich träumt" (Shakespeare, Hamlet, 1. Akt, 5. Szene). Einen Rest als Wunder offen zu lassen zeugt von Bescheidenheit, Weisheit und Respekt beim Umgang mit Nichtwissbarem und Unübersichtlichem, wozu das Geschick, die Zukunft und auch der Tod zählen.

Über solche Phänomene gibt es keine Beruhigung durch Viel- und Mehrwissen, auch nicht durch Mutmaßungen, heroische Für-wahr-halte-Leistungen oder Wahrscheinlichkeitshochrechnungen. Krampfhaftes beweisen Müssen ist keine vielversprechende Forschungshaltung. Gelassenheit angesichts des Nichtwissbaren entscheidet sich daran, ob mein Lebensstil Elemente, Strukturen und Rituale enthält, die dem Nichtwissbaren entsprechen.

→ Auf dem Trödelmarkt konnte man ein Schild kaufen, auf dem zu lesen war:
   „If you're waiting for a sign: THIS IS IT."

Mission

Befehlsgehorsam oder sprudelndes Leben

„Gläubige wollen einen missionieren. Sie haben oft die unangenehme Eigenschaft, andere mehr oder weniger plump und aufdringlich mit ihrer Weltanschauung zwangsbeglücken zu wollen ..."

Tacheles

Jeder mittelgroße Betrieb hat heute ein „Mission-State-ment". Das ist gut. Doch im religiösen Kontext ist das schlimme Missverständnis von Mission als Indoktrina-tion so verbreitet, dass selbst Christen und Mitarbeiter in kirchlichen Einrichtungen nicht müde werden mit missionarischem Eifer zu beteuern, man wolle keines-falls missionieren.

Indoktrinieren bedeutet, „ein paar Unglückliche in ihrer schwachen Stunde zu überfallen und religiös zu verge-waltigen" (Dietrich Bonhoeffer). Doch Mission ist keine Indoktrination. Mission weiß: Bequatschen bringt nichts. „Überzeugen ist unfruchtbar." (Walter Benjamin) Natürlich „kann die Stadt, die auf einem Berge liegt, nicht verborgen sein. Man zündet auch nicht ein Licht an und setzt es unter einen Scheffel, sondern auf einen Leuchter; so leuchtet es allen, die im Hause sind." (Matthäus 5,14) Das heißt, wir alle missionie-ren ständig – so oder so. Wir alle stellen etwas dar, stehen für etwas ein, sind ein Mission-Statement: Man kann nicht nicht missionieren. Das fängt bei der Kleidung, bei der Gestaltung der eigenen Wohnung und des Gemeindeschaukastens oder des Gemeindebriefes an und hört beim Autoaufkleber und Anstecker am Revers noch lange nicht auf. Mission ist eben keine Akquise, sondern Martyria, zu Deutsch: Lebenszeugnis, also das, was unser gelebtes Leben (und eben nicht unsere Lippenbekenntnisse und unser Marketing) in Begegnungen und Beziehungen die Mitmenschen erfahren lässt.

Für bloße Lippenbekenntnisse brachte der dänische Philosoph Sören Kierkegaard einmal ein schönes Beispiel: Jemand möchte seine Wäsche in einem Geschäft mangeln lassen, in dessen Schaufenster ein Schild mit der Aufschrift „Wäschemangel" steht. Doch im Geschäft erfährt er, dass dort gar keine Wäsche gemangelt wird, sondern dass nur das Schild zum Verkauf steht.

Was dagegen Lebenszeugnis bedeutet, zeigt sehr schön eine Äußerung des römischen Kaisers Julian Apostata (331-363 n. Chr.). Dieser wollte mit folgender Begründung die Akzeptanz des Christentums durch seinen Onkel Konstantin wieder rückgängig machen und den römischen, griechischen und östlichen Mysterienkulten wieder zur Vormachtstellung verhelfen:

„Wir sollten doch einsehen, dass die Gottlosigkeit [gemeint sind die Christen, B.B.] nur deshalb hat Boden gewinnen können, weil sie sich liebevoll um Fremde gekümmert oder auch für die Bestattung Friedhöfe besorgt hat, zu schweigen von ihrer strengen Lebensführung (...) Sooft die Armen den Eindruck haben, von den

Priestern nicht beachtet zu werden, sehen das die gottlosen Galiläer sofort und nutzen die Gelegenheit zur
Wohltätigkeit (...) die gottlosen Galiläer unterstützen
nicht nur ihre eigenen Armen, sondern nicht minder
unsere."

Das spricht für sich! Es wird deutlich, dass „für die
ersten christlichen Generationen kein Bedarf bestand,
die Evangelisierung oder die Mission als spezifische Tä-
tigkeit zu definieren. In Wirklichkeit evangelisierten sie
durch die bloße Tatsache ihrer Existenz ... Als das
Christentum dann die gesamte Gesellschaft ... zu prä-
gen begann, wurde die Evangelisierung jedoch immer
mehr zur reinen Übermittlung der etablierten Religion"
durch „Traktieren" von Zeitgenossen mit dogmati-
schen Phrasen. So gleicht die Missionspraxis tatsächlich
oftmals leider der Radiowerbung eines deutschen Le-
bensmitteldiskounters, der mit einem „Supersamstag"
wirbt und in mehrfacher penetranter Wiederholung
seine Botschaft einbläuen will: „Falls Sie's nicht glauben: noch einmal ..."
Für das Verständnis von Mission im christlichen Sinne
ist die Unterscheidung zwischen Marketing und Martyria
wichtig. Beide sind nicht immer leicht zu differenzieren.
Marketingstrategien laufen über vollmundige Behaup-
tungen, die uns schmeicheln („Überzeugen Sie sich
selbst!"). Lebenszeugnis (Martyria) läuft über (zunächst
oft ziemlich irritierende) Erfahrungen in einem Bezie-
hungsgeschehen, die sich mit der Zeit herumsprechen.
Marketing verfährt strategisch. Es erforscht, was ein
Mensch sich heimlich verspricht (Erfolg, Macht etc.),
produziert ein Produkt, das dazu passt, und verkauft

das Produkt schließlich mit dem vorher erkundeten und nun großartig inszenierten Versprechen. Der Käufer entdeckt freudig überrascht, dass er in einer stillen Sehnsucht verstanden wurde, und besiegelt dies dankbar mit dem Kauf des Produktes.

Mission alias Martyria ist niemals strategisch. Genau dies ist jedoch der fade Beigeschmack, der auch noch der „Mission im neueren Sinn" anhaftet, die als „ansprechende Indirektheit" verkauft werden soll. „Tritt nicht gleich die Türe ein, sag's lieber durch die Blume ..."?! Das wäre nur die andere Seite der einen indoktrinären Medaille. Mission im Sinne von Martyria tut absichtslos, was sie aus innerem Drang nicht lassen kann. Und das spricht eben nicht nur für sich, sondern verweist zugleich auf etwas, das größer ist als alle am Geschehen Beteiligten. Wenngleich Mission auch niemals strategisch ist, so darf und muss jedoch bei Gottesdienst, Andacht und christlichem Gesprächsforum mit entsprechender leidenschaftlicher Überzeugungsrede gerechnet werden. Alles andere wäre Selbstbetrug und Mogelpackung.

Mission als Selbstzweck wäre Verkauf nach dem Motto: „Jetzt wollen wir es denen einmal richtig zeigen." Die Mission der Mission ist aber nicht die Mission. Sondern Mission im Sinne von Martyria ist selbstvergessene, ununterdrückbare Begeisterung, die ansteckend sein kann, wie es irritierender Weise gerade das Wort vom „Kunden" gespeichert hat. Der gute Kunde verkündet, wo er gute Erfahrungen gemacht hat. Es spricht sich im Laufe der Zeit herum, wo die Qualität stimmt.

Mission ist Gleichnishaftigkeit in Beziehungsperformance: Eine Begegnung weist über sich hinaus auf etwas, das lebensentscheidende Bedeutung hat oder bekommt. Wünschenswerte Mission ist, wenn die Bezugnahme auf die biblischen Texte und auf Erlebtes so dosiert und korreliert sind, dass das eine das andere nicht rechts überholt. Jesus schärfte manchmal den Leuten sogar ein, nichts von ihrer Heilung zu erzählen, weil Außenstehende die Erlebnisschilderung als magische Zauberei missverstehen mussten.

Ein großes Missverständnis ist die Rede von Mission als etwas, das Jesus seinen Jüngern befohlen habe. Dass sich die Phrase vom „Missionsbefehl" so hartnäckig hält, liegt an der nicht nur in diesem Fall unglücklichen zusammenfassenden Zwischenüberschrift, die vor dem entsprechenden Abschnitt von Matthäus 28,19-20 steht. Mit solchen fettgedruckten Zwischenüberschriften wurden aus Gründen der besseren Lesbarkeit die Bibeltexte im 13. Jhd. untergliedert. Im entsprechenden Bibeltext selbst ist jedoch nirgendwo von einem Befehl die Rede. Und das ist auch gut so. Würden Sie jemandem zuhören, der gezwungen wird, etwas zu erzählen? Würden Sie einem erpressten Geständnis Kredit geben? Mission auf Befehl liefe auf Indoktrination hinaus. Es ist ein gewaltiger Unterschied, ob wir uns Mission im Medium des Militärischen vorstellen oder im Medium des Nachgehenden und das Leben Teilenden. Der Theologe Harald Schroeter-Wittke verwies auf die Reihe der Partizipien in diesem Bibeltextabschnitt, die mit „Missionsbefehl" übertitelt immer missverständlich als Befehlsform (im Imperativ) wiedergegeben werden. Treffender übersetzt müsste der Text so lauten: „Vorübergehend, dahingehend in alle Welt, taufend, lehrend usw." geschieht

Mission – bei Gelegenheit also, unterwegs, in den All-
tagsgeschäften, beim Smalltalk, bei der Arbeit, beim
Sport, am Stammtisch:

„Wes das Herz voll ist, des geht der Mund über."
(Matthäus 12,34)
„Wir können's ja nicht lassen, von dem zu reden,
was wir gesehen und gehört haben."
(Apostelgeschichte 4,20)
„Eure Rede sei allezeit freundlich
und mit Salz gewürzt." (Kolosser 4,2-6)

Wer das Evangelium (auch noch auf Befehl) wie einen
Staubsauger an den Mann bringen will, macht es zu
einem billigen Werbegeschenk. Doch Mission ist keine
Reklame, sondern eine Herzensangelegenheit.

→ Und? Was für ein „Kunde" sind Sie?

Dienen

Leistung oder Gottesdienst

„Dienen, Diakonie, ist was für Gutmenschen und Heilige, die sich für bedürftige Mitmenschen aufopfern. Nicht selten werden sie ausgenutzt ..."

Tacheles

„Das haben wir uns verdient." Das deutsche Wort verdienen ist nach christlichem Verständnis ein Widerspruch in sich. Denn hier wird „Dienen" und das Kalkül auf einen eigenen Vorteil zusammengenommen. Vor Gott gibt es jedoch keine Selbstbedienung.

Dienen, Diakonie, entsteht so: Weil und seit ich bei Gott unbedingtes Ansehen genieße (→ Evangelium), schaue ich nicht nur mich mit anderen Augen an, sondern auch die Mitmenschen und die ganze Welt. Ich werde fähig, mich ohne Ansehen der Person (ob sie mir nun sympathisch ist oder nicht) helfend zu engagieren. Die Bibel nennt das Nächstenliebe. Jemand, der sich angesichts von Not an den anderen vergisst und hilft: Das nimmt Jesus als Gleichnis für wahren Gottesdienst (Lukas 10,25-37).
Nächstenliebe hat also weniger mit Emotionen oder sozialromantischer Schwärmerei zu tun als mit einer bestimmten Betrachtungsweise. Humanolatrie („Seid umschlungen Millionen!") vergeht so schnell, wie sie gekommen ist. Wird mir die Parklücke weggenommen

oder stört die Musik des Nachbarn, ist pauschale Menschenliebe schnell verflogen.

Diese Nächstenliebe als Qualität von Diakonie ergibt sich sozusagen beim Umweg über Gott. Und es ist keineswegs ein Widerspruch, mit dieser Perspektive professionell unterwegs zu sein und sein Geld zu verdienen. Angestellte im Kontext des Evangeliums, also Diakone, Gemeindepädagogen, Erzieherinnen, Religionslehrer, Pflegekräfte, Ärzte, Pfarrer usw., die bei Institutionen in kirchlicher Trägerschaft arbeiten, müssen ja auch ihre Miete bezahlen.

Die treffende Bezeichnung für den seriösen und respektablen Bereich, wo Dienen und der Gewinn von Vorteilen zusammengehören, bietet im deutschsprachigen Raum paradoxer Weise ein Anglizismus: „Service". In der Autowerkstatt, im Restaurant oder auf dem Amt: Wir alle erwarten guten Service. Service muss man von Diakonie unterscheiden, auch wenn sie an Äußerlichkeiten nicht zu unterscheiden sind. Diakonie und Service sind zwei verschiedene Dimensionen. Es ist nicht sinnvoll, beide Aspekte gegeneinander auszuspielen. Beide sind wichtig, und in der Realität haben wir es meistens auch mit einer Mischung zu tun: Service ohne Spuren von Diakonie ist seelenlos, Diakonie ohne Service ist nur Lippenbekenntnis. Stimmen die jeweiligen Anteile, können auch „Dienen" und „Leistung" als „Dienstleistung" zusammenkommen. Und der Anteil von Dienstleistung auf den Arbeitsmärkten moderner Gesellschaften steigt weltweit.

→ Habe ich auf einem Gemeindeamt über einem
   Kopierer gesehen: „Jesus is coming. Look busy!"

Kirche

Bundesmoralanstalt oder Gleichnis für mehr

„Kirche ist wichtig für Weihnachten und für Beerdigungen. Viele Kirchen machen auch gute Angebote wie Familienzentren oder Seniorencafés. Aber wenn man an Kindesmissbrauch oder Geldvergeudung denkt, ist die Kirche auch nicht besser als alle Welt ..."

Tacheles

„Kirche? Wo Glocken läuten und ein hoher Turm ist." Man denkt bei Kirche meist als Erstes an das Kirchgebäude. Gebäude und Orte sind wichtig: ein Dach über dem Kopf, Heizung, saubere Toiletten, helle Räume, die schön und behindertengerecht gestaltet sind. Ist man dort aufgewachsen oder verbindet man mit diesen Räumen wichtige Erlebnisse und Lebensstationen, können einem Gebäude sogar ans Herz wachsen. Sie können ein Stück Heimat werden. Aber das gilt für alle Orte. Kirche ist mehr als jedes Gebäude und mehr als jeder Ort.

„Kirche? Wo die Orgel spielt und frömmelnd gesprochen wird." Kirche wird auch als eine Veranstaltung exklusiv für Insider, für klassische Christen, wahrgenommen. Sicher ist Fachsprache wichtig, und es gibt die abgefahrensten Nischengebiete, wo man kein Wort versteht, wenn sich Insider unterhalten. Es ist ein Segen, wenn man bei überbordendem Glück (z.B. bei einer Geburt) mehr sagen und singen kann als nur „geil" und bei abgrundtiefer Trauer (z.B. Tod) mehr sagen und klagen kann als nur „scheiße" (➔Warum?)

Doch Kirche ist mehr als klerikaler Sound und weihevolle Ausdrucksweise. Und wenn mir die Worte fehlen, dann brauche ich nicht bluffen und „kanaanäisch" sprechen, sondern kann reden, wie mir der Schnabel gewachsen ist.

„Kirche? Wo ➔Werte hochgehalten werden." Werte sind super. Doch der Kirche gelten Werte nicht als höchster Wert.

„Kirche? Harmonie und tolle Gemeinschaft." Das hört man ganz oft. Es soll familiär zugehen. „Piep, piep, piep, wir haben uns alle lieb?" Nun: Solch tolle Gemeinschaft kann man in jedem Karnevalsverein haben. Kirche ist etwas anderes als ein Verein. In der Kirche wird Familienklüngel aufgemischt.

„Kirche? Ein guter/schlechter Arbeitgeber." Das ist richtig: Die Kirchen und ihre Sozialholdings geben über 1,2 Millionen Menschen Arbeit und sind nach Bund, Ländern und Kommunen der größte Arbeitgeber in Deutschland. Und doch ist Kirche mehr als ein Job.

Kirche ist mehr als ein Gebäude, mehr als Stallgeruch und vertrauter Jargon, mehr als Wertekanon, Leutseligkeit und Arbeitsplatz. Martin Luther hat gesagt: „Die Kirche ist nicht Holz und Stein, sondern der Haufen christusgläubiger Leute." Das führt auf die richtige Spur. Aber was bedeutet das ganz praktisch?

Es kommt darauf an, die Kirche im Dorf zu lassen und nicht irgendwelchen Idealbildern nachzujagen. Das entscheidende Unterscheidungskriterium lautet, dass

Kirche bei alledem nie Selbstzweck ist. Beim Karnevalsverein geht es um Spaß und beim Heimatverein um Geborgenheit – das ist völlig okay! Aber Kirche ist Gleichnis für mehr. Alle Konkretionen weisen exemplarisch über sich selbst hinaus. In allem Reden und Tun, im Gelingen wie im Scheitern, wird das Evangelium improvisiert: Dies in organisierter Form nennt man Kirche. Und sonntagmorgens wird weltweit dafür demonstriert, dass Moral nicht alles ist (→Evangelium).

Wegen dieser Gleichnishaftigkeit gibt es in der Bibel auch keine statische Definition von Kirche, sondern eher dynamische Bilder:

- Kirche als wanderndes Volk Gottes (Hebräer 13)
- Kirche als Schiff (Lukas 5,3ff)
- Kirche als Salz und Licht (Matthäus 5,13ff)
- Kirche als lebendiger Organismus (1. Korinther 12)
- Kirche als Bau – mit lebendigen Steinen (1. Petrus 2,5)
- Kirche als utopische Stadt (Hebräer 13,14)

Das alles geht nicht ohne Planung und Organisation. Dafür wird Geld und Engagement benötigt.

→ Wie wäre es: Wollen Sie sich engagieren?

Teufel

niedlich oder banal

„Der Teufel ist hässlich, hat Hörner, Kuhschwanz und Pferdefüße. Und der Teufel ist praktisch: Als Inbegriff und Personifizierung des Bösen hat man etwas, das man verteufeln kann. Für den modernen Mensch taugt dies allerdings höchstens noch zum Karnevalskostüm. Wenngleich Satanisten davon Ahnung zu haben scheinen, dass doch etwas Ernsteres dahinter stecken könnte ...“

Tacheles

„Zum Teufel nochmal!" Vorstellungen vom Teufel sind Ausdruck einer Ahnung, dass das Böse sich nicht in moralischen Verfehlungen erschöpft. Es ist ja viel schlimmer: Die größten Grausamkeiten wurden und werden im Namen höchster Güter begangen. Das ist das Geheimnis der beängstigenden Macht, von der jeder Mensch mehr oder weniger schon einmal etwas gespürt hat. Hannah Arendt hat das teuflische Phänomen einmal treffend als „Banalität des Bösen" bezeichnet.

So gruselig die entsprechenden Abbildungen auch sein sollen: Solche Teufel mit Pferdefuß, Fratze, Hörnern und Kuhschwanz lenken eher vom unermesslichen Grauen ab, das ein banales, ein alltägliches, ein normales Gesicht trägt.

Es mehren sich die Anzeichen, dass praktizierte Teufelsaustreibung – Exorzismus – wieder gesellschaftsfähig wird. Doch spektakuläre Austreibungsaktivitäten, wie im Sinne eines magischen Gegenzaubers, nützen gegen dieses teuflisch Böse als Macht ebenso wenig, wie man umgekehrt auch nicht das Gute in die Menschen mit Gewalt hineintreiben und hineinzaubern kann. In Matthäus 17,21b heißt es, unsere Rolle beim Kampf der guten Mächte gegen die bösen Mächte sei „Fasten und Beten". Fasten bedeutet, dass man hier kluger Weise auf Aktivismus verzichtet, dass weniger mehr ist. Weniger bedeutet nicht Nichts. Mit →Beten ist dieses „Weniger" konkretisiert. Beten ist in diesem Fall eine Art innerliches Umwidmen: Ich fokussiere darauf, dass ich mein Leben in seiner Stärke wie in seiner Hinfälligkeit guten Mächten verdanke.

Theologisch praktizierenden Fachleuten kommt eine besonders hohe Verantwortung zu damit umzugehen, dass und wie Krankheit und lebensfeindliche Mächte miteinander verwickelt sind. Eine typische seelsorgerliche Fehlform ist es, die Bedingung zu stellen, dass man wollen müsse, obwohl man doch unter Zwängen und Besessenheiten leidet. Da stimmt was nicht.

„Breaking bad": Im Zusammenhang mit Obsessionen und Abgründigkeiten neigen viele dazu, sich selbst zu verteufeln. Wer meint, hier helfen zu können, indem er dem anderen die bösen Gedanken ausredet und Schuldlosigkeit einredet, verrät nur, dass er keine Ahnung hat und selbst noch moralisch unterwegs ist.

Besser ist es, sich auf Gott zu verlassen und den Teufel zur Hölle zu jagen, wie es in einem alten Weihnachtslied heißt: „Sünd und Hölle mag sich grämen, Tod und Teufel mag sich schämen ..."

→ Das nenne ich cool.

Hölle

Schmorbraten oder Selbsterfahrung

„Alle, die in diesem Leben allzu böse, unanständig und frech waren, werden von Gott im Endgericht mit ewiger Höllenqual bestraft. Da sind die selber Schuld. Gott hätte ja gerne anders geurteilt. Aber die haben es nicht anders gewollt. Wer sich nur ein bisschen anstrengt, muss nicht in der Hölle schmoren ..."

Tacheles

„Hölle" meint im Kontext des →Evangeliums eine Krise in der Entwicklung der Beziehung des Menschen zu Gott (→glauben).

Im →Paradies waren das leibliche Sterben und der leibliche Tod nur der angst- und schmerzlose Übergang zurück in die Einheit mit Gott. Durch den Sündenfall (→Sünde) wurde der physische Tod aber zum Symbol „eines Ortes, an dem Gott nicht ist, der als ‚Scheol' bzw. ‚Hades' bezeichnet wird ... Das von Israel aus dem religionsgeschichtlichen Umfeld übernommene Bild vom Scheol stellt uns Menschen vor Augen, die getrennt sind von allem, was wirkliches Leben ist ... Im Vergleich zum Scheol erscheint die neutestamentlich bezeugte Hölle als Produkt der Erlösung. Denn sie ist der Zustand all derer, welche die ausgestreckte Hand des Erlösers ablehnen. Die Hölle ist also eine Weise der

Kommunikation mit Christus; der Scheol hingegen ist die Verunmöglichung jeder, auch der negativen Kommunikation mit Gott. Wenn die Osterliturgie fragt: ‚Tod, wo ist dein Stachel?', dann meint sie den Scheol ... Nach dem Osterereignis (➔ Himmel) gibt es keinen Scheol mehr, sondern nur noch die Hölle derer, welche die in Christus offenbar gewordene Liebe Gottes verweigern. Diese Verweigerung ist jederzeit revidierbar. Seit Ostern ist Christus als von mir Bejahter mein Himmel; als von mir Ersehnter mein Purgatorium (Fegefeuer); als von mir Verweigerter die Hölle."[32]

Martin Luther hat eindrücklich geschildert, wie höllisch ihn die Frage quälte, ob und unter welchen Bedingungen er vor Gott Ansehen genießen könne. Wieder und wieder las er das dritte Kapitel des Galaterbriefes, bis ihm auf einmal ein Licht aufging:

„Ich hasste dieses Wort ‚Gerechtigkeit Gottes', weil ich durch den Brauch und die Gewohnheit aller Lehrer unterwiesen war, es von der formalen oder aktiven Gerechtigkeit zu verstehen, nach welcher Gott gerecht ist und die Sünder und Ungerechten straft. Ich konnte den gerechten, die Sünder strafenden Gott nicht lieben, im Gegenteil, ich hasste ihn sogar. Wenn ich auch als Mönch untadelig lebte, fühlte ich mich vor Gott doch als Sünder, und mein Gewissen quälte mich sehr. Ich wagte nicht zu hoffen, dass ich Gott durch meine Genugtuung versöhnen könnte ... Als ob es noch nicht genug wäre, dass die ... Sünder durch das Gesetz die Gebote mit jeder Art von Unglück beladen sind – musste denn Gott auch noch durch das Evangelium Jammer auf Jammer häufen und uns auch durch das Evangelium seine Gerechtigkeit und seinen Zorn androhen? So wütete ich wild und mit verwirrtem Gewissen ... Da erbarmte sich Gott meiner. Tag und Nacht war ich in tiefe Gedanken versunken, bis ich endlich den Zusammenhang der Worte beachtete: ‚Die Gerechtigkeit Gottes wird im Evangelium offenbart, wie geschrieben steht: Der Gerechte lebt aus dem Glauben.' Da fing ich an, die Gerechtigkeit Gottes als eine solche zu verstehen, durch welche der Gerechte als durch Gottes Gabe lebe, nämlich aus dem Glauben. Ich fing an zu begreifen, dass dies der Sinn sei: Durch das Evangelium wird die Gerechtigkeit Gottes offenbart, nämlich die passive, durch welche uns der barmherzige Gott durch den Glauben rechtfertigt, wie geschrieben steht: ‚Der Gerechte lebt aus dem Glauben.' Da fühlte ich mich wie ganz und gar neu geboren, und durch offene Tore trat ich in das Paradies selbst ein. Da zeigte mir die ganze Schrift ein völlig anderes Gesicht."[32]

→ Das →Evangelium weckt die berechtigte und paradiesische „Hoffnung, dass die Hölle leer geliebt wird."[33]

Himmel

Wolke 7 oder „nie zu spät für eine glückliche Kindheit"

„Brave Mädchen kommen in den Himmel ... ‚Einfach himmlisch‘ oder ‚paradiesisch‘ bedeutet: keinen Stress, keine Sorgen, viel Spaß, Sommer, Sonne, Palmen, Strand, Party, Cocktails all inclusive und Buffet bis zum Abwinken: ‚Das haben wir uns verdient‘..."

Tacheles

So wenig in der christlichen Religion mit →Hölle eine Folterkammer gemeint ist, so wenig ist mit Himmel ein kulinarisches oder seelisches Schlaraffenland gemeint. Es geht um die Weltenwende.

In der Bibel ist viel vom „neuen Reich der Himmel" die Rede, dessen „Morgenröte" oder „Morgenstern" schon sichtbar ist und das schon „angebrochen" bzw. „nahe herbeigekommen" ist.[34] Von Kindern (Matthäus 18,1-5; 19,14) konnte Jesus sagen, diese seien dem Himmelreich nahe – näher als so manche gelehrten Pharisäer. Der Zugang zum Himmel unterliegt keinem Numerus Clausus, er ist also bildungsunabhängig (Matthäus 5,3). Weihnachten wird gefeiert, dass der Himmel aufbricht, wie es die deutsche Pop-Band *Silbermond* schön in ihrem Song *Himmel auf* als Sehnsucht interpretiert hat.

74

Für den Himmel ist es nie zu spät. Die Hirnforscherin Vera Birkenbihl erzählte auf einem Symposium von einer Ehefrau, die zu ihrem Mann sagt: „,Wenn ich je so werde wie meine Mutter, erschieß mich!' Später weiß der arme Kerl nicht, wann er zur Waffe greifen müsste. Als junge Frau war sie ihrer Mutter tatsächlich extrem unähnlich, aber im Laufe der Zeit platzen die Spiegelneuronen-Zeitbömbchen. So wird sie ihrer Mutter immer ähnlicher. Alle nehmen das wahr, ihr Mann, die Kinder, ihr Vater, die Nachbarn, nur sie selbst ahnt nichts davon." Die Schilderung dieser „höllischen" Situation löste lebhafte Reaktionen aus. Für den „Himmel" gilt die frohe Botschaft, dass es nie zu spät ist für eine glückliche Kindheit. Die Frage aller Fragen von Menschen über vierzig lautet mit Johannes 3,4: „Wie kann ein Mensch geboren werden, wenn er alt ist?" Dem „Verbrecher am Kreuz" sagt Jesus unmittelbar vor dem Tod, dass sie „noch heute" gemeinsam im Paradiese sein werden (Lukas 23,39-43).

Himmel (auch schon auf Erden) ist, wo und wenn →Evangelium wahr wird, wo erlebt und realisiert wird: Es gibt eine Lebensoption jenseits von bösen Mächten, Gewalten, tragischer Verstrickung und moralistischer Berechnung. Himmel oder Paradies ist ein Sonnensystem jenseits der kalten Galaxie der Moral, in der wir als „Heimatvertriebene" leben. „Unsre Heimat ist der Himmel." (Philipper 3,20)

Im oben bereits zitierten Johannesevangelium ist dabei noch eine weitere entscheidende Pointe für das angebrochene, neue Reich der Himmel festgehalten. Laut Johannes 3,17 stehen die Tore des Paradieses wieder offen, weil die Perspektive Gottes vom Richter zum Retter gewechselt hat, weil Gott „seine moralische Haut ausgezogen hat" (Friedrich Nietzsche) (→Sünde). Hans Weder führt aus:

„In der Aussage, dass der Glaubende nicht nur im Gericht bestehen kann, sondern überhaupt nicht ins Gericht kommt, wird der qualitative Sprung vom richtenden zum rettenden Gott festgehalten, der in Vers 17 gelungen ist. Sofern der Glaube der Anschluss an die rettende Macht Gottes ist, versetzt er den Menschen jenseits des ambivalenten Gottes, der zugleich vernichten und bestehen lassen kann ... Man wird sich davor zu hüten haben, in das Gegenüber von Glaube und Unglaube, das durch das Kommen des Sohnes entsteht, eine dualistische Theologie einzutragen. Es ist keine Rede davon, dass der Sohn gesandt ist, um die Menschheit in Glaubende und Nichtglaubende zu scheiden. Vielmehr muss – in Erinnerung an den universalen Kosmosbezug der Rettung von Vers 17 – festgehalten werden, dass der Sohn gekommen ist, um der ganzen Welt den Glauben zu entlocken. Jede dualistische Konzeption der Aufteilung der Welt in Glaubende und Nichtglaubende würde den Gesandten Gottes wieder auf die Richterfunktion festlegen, von der er sich soeben befreien konnte ... Die Asymmetrie des Rettenden wird also auch hinsichtlich der Gerichtsvorstellung festgehalten. Der Gerichtsgedanke hat darin sein sachliches Recht, dass menschliches Handeln Folgen hat ... Doch von Glauben ist überall dort zu reden, wo der Mensch sich der Arbeit Gottes anvertraut. Deshalb ist dort, wo vom Glauben die Rede ist, nicht mehr vom kommenden Gericht zu reden, und kann dort, wo vom Unglauben zu reden ist, nur noch vom schon ergangenen Gericht die Rede sein."[36]

Und noch ein Bibeltext ist hier von zentraler Bedeutung. Als Martin Luther das dritte Kapitel des Römerbriefes las, sagte er: „Da ward mir, als träte ich in das Paradies selber ein!" und notierte am Rand des Bibeltextes, dies sei „das Hauptstück der biblischen Botschaft überhaupt". In Römer 3,19-31 ist davon die Rede, dass „allen der Mund gestopft werde" (Römer 3,19). Und die Frage „Wo bleibt nun das Rühmen?", also die Frage nach der Option auf Stolz, Ansehen und Befriedigung im Blick auf die Lebensleistung, wird mit einem klaren „Es ist ausgeschlossen" beschieden (Römer 3,27). Was soll daran so paradiesisch sein?

In den Himmel kommen nicht alle, die „Herr! Herr!" rufen (Matthäus 7,21). Der Schlüssel zur Himmelspforte ist die Einstellung des Herzens. Für den Selbstgerechten, der meint, darauf pochen zu können zu bekommen, was er sich verdient habe, wäre es die Hölle, wenn es keine Hölle gäbe. Er will einen exklusiven Himmel für moralische Leistungsträger.[37] Das ist jedoch nicht der Himmel, von dem die Bibel spricht. Der Reiche, der viel hat und viel kann und viel (mit)bringen will, wird ebenfalls knapp am Tor des biblischen Himmels vorbeischrammen, um vielleicht im exklusiven moralischen Leistungshimmel zu landen – wer weiß (Matthäus 19,23). Aber für den, der dankbar ist dafür, dass er nicht all das bekommt, was er eigentlich verdient hätte, ist Römer 3 „der Eingang ins Paradies": „Denn es ist hier kein Unterschied: sie sind allesamt Sünder und ermangeln des Ruhmes, den sie bei Gott haben sollten, und werden ohne Verdienst gerecht aus seiner Gnade durch die Erlösung, die durch Christus Jesus geschehen ist" (Römer 3,22-24). Das hat die Punkrock-Band *Die Toten Hosen* völlig richtig verstanden in ihrem Hit *Paradies*, wo es herrlich frech heißt: „Ich will nicht ins Paradies, wenn der Weg dahin so schwierig ist ..."

→ Hier kommen weitere Musikempfehlungen; hören Sie doch mal rein: *OMG* von *Marteria*, *Silbermond* mit *Himmel auf* und Johann Sebastian Bachs Kantate *Jauchzet Gott in allen Landen* (BWV 51), am besten in der Version des Bach-Ensembles Helmuth Rilling mit der Sopranstimme von Arleen Augér.

Warum?!

Grenzerfahrung sucht Beistand

Ob Naturkatastrophe, Amoklauf oder Unglück – es dauert nur Minuten, bis das erste WARUM?!-Schild in den Medien auftaucht, dessen Adresse unausgesprochen jeder mitdenkt: „Warum lässt Gott das zu?!"

Theologen diskutieren diese Frage unter dem Stichwort Theodizee. Haben sie eine Antwort oder bleibt nur Verzweiflung?

Tacheles

Was kann man angesichts von Unglück und Leid sagen und tun? Wie kann man Beistand leisten? Wer hier keinen Beistand erfährt, erlebt die →Hölle.

Normalerweise machen wir uns keinen Kopf: Wir lassen Gott einen guten Mann sein und romantisieren „die Natur". Bis dann – aus heiterem Himmel – etwas passiert. Dann schlägt unsere Gedankenlosigkeit erschrocken um und äußert sich als vorwurfsvoller intellektueller Zweifel. In den Nachrichten kann man dann Augenzeugen sehen, die angesichts von qualvoll erstickten, verbrannten, ertrunkenen, zerfetzten Leichen unter Schock in die Mikrofone von Journalisten Sätze sprechen wie: „Das war heftig." Wer könnte das nicht nachvollziehen? Es folgt Schnitt und Schwenk aufs Pappschild: „WARUM?!" Jedoch ein paar Wochen später, wenn der Schock vorbei ist, kann man dann etwas Besonneneres sagen als in den ersten Schreckensmomenten? Darf man auch hier, an den Grenzen existenzieller Betroffenheit, Tacheles reden? Ich meine: Ja. Was sich angesichts akuter Betroffenheiten in der Seelsorge und im Gespräch selbstverständlich verbietet, kann und muss hier, im Zusammenhang unser Klischee-Überprüfungen, zurechtgerückt werden. Wo sonst?

Handelt es sich um ein Unglück mit menschlichem Versagen, wird dem Nachdenken häufig ausgewichen, indem es durch die Suche nach einem Schuldigen ersetzt wird. Da kann man was tun und sich empört und entschieden zeigen – das entlastet.[38] Schwieriger ist es bei Naturkatastrophen. Wen soll man jetzt verantwortlich machen? Gibt es etwa keinen Schuldigen? Soll man die vermeintlich gute und reine Natur belangen? Naturkatastrophen sind unbefriedigend. Das führt gelegentlich zu Kurzschlüssen: Schuld an Unwettern, Erdbeben, Feuersbrünsten, Vulkanausbrüchen und Lawinen sollen dann die vielen Autos oder der Fleischkonsum sein: „Die Natur kann nichts dafür. Natur ist, was man draus macht." Und schuld sind immer die anderen.

Ein tragisches Beispiel: Nestbauende Dohlen haben im Frühjahr einen Kamin verstopft. Eine Familie mit drei Kindern ist an Kohlenmonoxid erstickt. Wenn sich kein Schornsteinfeger finden lässt, der sich besser hätte kümmern müssen, wird wieder „Gott" dran glauben müssen: „Warum?!"

„Ist ein normales Leben denn eigentlich zu viel verlangt?!" Gute Frage. Unsere reflexhafte Vorwurfshaltung verrät viel über unser moralisches, abrechnendes

Gottesbild. Und doch und gerade darum ist jede Klage beim Gott des Christentums an der richtigen Adresse.

Im moralischen Register bleiben angesichts von Leid und Unglück in dieser Welt nur zwei Möglichkeiten: Entweder man sucht die Schuld bei Menschen, um Gottes moralische Ehre zu retten, oder man sucht die Schuld bei einem Gott, an den man eigentlich nicht glaubt, und will ihn büßen lassen.

Nach der ersten Möglichkeit verfahren die frommen Freunde in der biblischen Geschichte von Hiob. Während Hiob mit Gott hadert, sind Sie mit ihren Alleserklärungsschnelldiensten zur Stelle. Sie meinen es gut. Sie wollen ihr Bild von Gott und der Welt retten: „Wenn stimmte, was sie sehen könnten – das Leiden des Unschuldigen –, bräche ihr Welt- und Gottesbild zusammen. Sie halten (sich) daran fest, dass nicht sein kann, was nicht sein darf. Lieber verschließen sie die Augen vor der Wirklichkeit, als ihr Gottesbild zu gefährden."[39] Henning Luther sprach knallhart von den „Lügen der Tröster"[40]. Im Theodizee-Seminar an der Hochschule findet sich an dieser Stelle immer eine Studentin, die beteuert: „Ich habe erfahren, dass immer irgendein höherer Sinn dahinter steckt ..." Das ist gut für sie, ist aber als Antwort auf den verzweifelten Aufschrei eines Individuums nach dem Warum zynisch.

Mit der Theodizee kommt der Mensch an seine Grenze. Es ist heute viel von „Grenzerfahrungen" die Rede, Erfahrungen, die man zum Beispiel in Extremsportarten sucht. Die Grenzerfahrungen der Theodizee sucht man sich nicht selbst. An diese Grenzen wird man durch das Leben geführt, und sie sind schier unerträglich. „Life is what happens to you while you are busy making other plans" (John Lennon).

Der Theologe Jürgen Ebach hat darauf hingewiesen, dass die Hiobgeschichte diesen Aspekt noch verschärft: „Nicht, wie Gott das *zulassen* konnte, wird hier zur Frage, sondern wie Gott das *tun* konnte. Denn Gott ist in diesem Buch der Urheber all des Guten und all des Bösen, das Hiob widerfährt."[41] Es geht um das Experiment *Gottes*, ob Hiobs ganze Frömmigkeit nur ein moralischer Tauschhandel mit Gott ist: „Wohlergehen gegen Frömmigkeit – Gottesfrucht gegen Erfolg. Hiob 1,5 schildert diese Frömmigkeit in einer Blitzlichtaufnahme. Weil seine Söhne womöglich Gott bei ihren frohen Festen den Abschiedssegen gaben, bringt Hiob vorsorglich Opfer dar, um Schaden von seinen Söhnen zu wenden. Ist der Schadensfall eingetreten, kompensieren ihn die Opfer; ist er es nicht, bringen die Opfer gleichsam ein Plus auf dem himmlischen Konto ... Solche Assekuranzfrömmigkeit kennzeichnet den Hiob des Anfangs. Er ist rastlos bemüht, sich und die Seinen zu versichern ... Gerade in dieser Hinsicht wird Hiob am Ende etwas gelernt haben.

Diese Versicherungslogik bringt die Frage auf den Prüfstand: Wird Hiob auch dann an Gott festhalten, wenn er alles verliert – den Besitz, die Kinder, die heile Haut? Das Experiment ist in zweierlei Hinsicht dramatisch. Hiobs Verluste schildert das Buch in allen Facetten; aber auch für Gott steht viel auf dem Spiel. Denn er bindet das eigene Gott-Sein an *Hiobs* Verhalten."[42]

Das Geniale an der Hiobgeschichte ist dann: Hiob ruft in Klage und Anklage Gott gegen Gott an. So auch die zehnjährige Hannah. Während die ganze Klasse im Religionsunterricht die Geschichte von der Sintflut hingenommen hat, meldet sie sich empört, steht auf gegen die Bibel, die Lehrerin, die ganze Klasse und gegen Gott und sagt: „Der macht doch so was nicht."[43] Welch ein beeindruckender, lebendiger, vorbildlicher Kinder-Glaube.

Jürgen Ebach hat darauf aufmerksam gemacht, dass es bei Theodizee auf die richtige Betonung ankommt. Die Betonung muss auf „Theo-", also auf „Gott" liegen: „*Theo*dizee", d.h. Gott ist die Anfrage auf alle unsere Antworten.[44]

Wir können Gott nicht verstehen. Aber der christliche →Glaube setzt darauf, dass wir nicht einem blinden Schicksal ausgeliefert sind, sondern dass wir wissen können, wo Gott ist – nämlich am →Kreuz, bei den Leidenden. Das heißt: Die Welt ist nicht harmonisch und Gott nicht der Garant der Harmonie, aber der Garant dafür, dass die Welt nicht im Chaos versinkt. So wie der Mensch nicht geboren wird, um reich zu sein, wird er es auch nicht, um gesund zu sein, wie wir uns das häufig vorstellen. Eh wir reflexhaft auf ein Recht pochen und Ansprüche stellen, müssen wir uns fragen, ob das berechtigt ist. In der christlichen Religion gilt jedenfalls: Gesundheit ist angenehm, aber theologisch kein Argument. So erzählt das Hiobbuch nicht vom Sinn und Zweck des Leidens, aber von seinem Ende[45]. Das Hiobbuch verweigert falsche Versöhnung (also jede Legitimation des Leidens, Grund, Notwendigkeit, Sinn). Und die Erzählung vom Ende des Leidens dieses einen, des Hiob, ist konkret. Das hat damit zu tun, dass im Christentum nicht daran geglaubt wird, dass sich am Ende das richtige Denken durchsetzt, sondern die „Auferstehung des Leibes": Ostern wird gefeiert, dass keiner liegen bleibt. Er trägt sein Bett weg (siehe dazu Johannes 5,9).

Klar: Ursachenforschung und juristische Verantwortung im Kontext von Unfällen sind gesellschaftliche Grundpflichten. Katastrophen und Unglücke haben darüber hinaus jedoch eine tragische Dimension, der man mit technischer und moralischer Rationalität alleine nicht gerecht wird. Davon hat die christliche Rede von der →Sünde Ahnung. Hier führen →Kreuz und →Evangelium weiter, als der (manchmal notwendige) Weg zum Anwalt je führen kann.

Anstatt geschockt über das Fehlen von Sinn mit Menschen „kurzen Prozess" zu machen, sollte man sein moralisches Gottesbild getrost vergessen und – wie Hiob und Hanna – Gott bei Gott verklagen. Und →betend bei den Betroffenen bleiben, die in ihrer Trauer Gott und die Welt verfluchen, und das Fehlen von Sinn gemeinsam aushalten.

→ Fürs Poesiealbum: „Am Ende wird alles gut. Und wenn noch nicht alles gut ist, dann ist es auch noch nicht das Ende."

Noch Fragen?

Alleserklärungen oder Frag-Würde

- -

„Jesus is the answer ..."

Tacheles

Im Kontext der christlichen Religion zeigt sich die Gottesebenbildlichkeit des Menschen nicht in seiner Altklugheit, sondern in seiner Frag-Würdigkeit. Was bedeutet das?

Auf jeden Menschen warten Fragen, die sich ihm früher oder später stellen:
   Wer bin ich? Bin ich gut? Was wird aus mir? Warum gerade ich? Warum gerade ich *nicht*? ➔ Warum?!
   Die menschliche Existenz ist „leicht zerbrechlich". Zu ihr gehören das unverschämte Glück, die unausweichliche Schuld, die schockierende Gewalt, der plötzliche Tod, das quälende Leid, die endlose Langeweile, die Dämonen der Einsamkeit. Der Philosoph Immanuel Kant hat gesagt, dass man Mut haben muss, sich damit auseinanderzusetzen: „Habe *Mut*, dich deines Verstandes zu bedienen!"
   Die Welt anschauen, staunen, bangen, hoffen, fragen: Das ist die menschliche Fragwürde und der menschliche Fragemut. Mut ist ein Muskel, den kann man trainieren. Doch diese Würde und dieser Mut werden häufig verletzt und beschämt.

Das zeigt sich zum Beispiel daran, wie wir mit Kindern umgehen: Klimaerwärmung, Energieressourcen, Aids, Mülltrennung – wir leben in einer Zeit, in der schon Vorschulkinder ständig mit Erklärungen und Aufklärungen penetriert werden, ohne dass sie danach gefragt hätten. Das jedoch, wonach sie garantiert fragen, wird mehr oder weniger peinlich berührt übergangen oder durch „Bonbonangebote" vom Schirm der Aufmerksamkeit gelockt. Wollen wir wirklich so respektlos mit unseren Kindern umgehen? Von dem Philosophen Paul Watzlawick stammt der Satz: „Es kann kein Zweifel darüber bestehen, dass ein großer Teil des Sozialisierungsprozesses eines Kindes darin liegt, ihm beizubringen, was es *nicht* sehen, *nicht* hören, denken fühlen oder sagen darf."

Kinder ahnen schon früh und spüren, dass das Leben kein Ponyhof ist. Angesichts von Unglück und Tod, (eigener) Schuld, Schrecken und Ängsten, Wut, Aggressionen, Ungerechtigkeiten und Ungleichheit äußern Kinder existenzielle Fragen – weniger mit philosophischen Begriffen als mit dem ganzen Verhalten, durch Körpersprache und mit Blicken. Oft schon vor der Einschulung haben wir den Kindern zu verstehen gegeben, was erlaubte Fragen und was böse Fragen sind. „Wo war ich, bevor ich in Mamas Bauch war?" „Wo ist Lucky (das Meerschweinchen) jetzt?" „Opa, wann stirbst du?" „Wann sind wir endlich da?": So fragen Kinder auf der ganzen Welt.

Es ist entscheidend, ob im Blick auf das Leben mit seinen Wechselfällen einfach mit dem Denken aufgehört wird und (für Kinder sehr beredt) geschwiegen und tabuisiert wird, oder ob auch mit existenziellen Grundfragen verantwortlich umgegangen wird. Weil das beharrliche Fragen der Kinder peinlich an die Lebenslügen der Erwachsenen erinnert, erfolgen häufig unbewusste Abwehrreflexe, womöglich in Form erniedrigender, abwertender Sprüche. Noch ehe ein Wort der Belehrung gefallen ist, ist die Art und Weise, wie wir reagieren, eine Lektion, die Kinder nie vergessen: „Du kannst vielleicht fragen!" „Sei still!" „Willst du ein Eis?" „Geh und spiel mit deinem Chemiebaukasten!" Bereits an Tonfall und Blick spüren Kinder das Ablenken und Ausweichen, das Tabuisieren sofort. Und sie merken es sich genau. Für ihr waches, unbefangenes Fragen werden sie mit Scham und Verlegenheit geimpft. Sie spüren: „Ich liege falsch." Später könnte ihnen genau dadurch keine andere Möglichkeit bleiben als Aberglaube, Wissenschaftsgläubigkeit oder Ignoranz.

Ähnlich ist es, wenn mit „Natürlichkeit" argumentiert wird. Der Religionspädagoge Friedrich Schweitzer hat deutlich gemacht, dass auch dieses Argument zu kurz gedacht ist. Er schreibt: „Reicht es nicht völlig aus, die Kinder über die Natürlichkeit des Todes aufzuklären? Die Antwort auf ihre Fragen hieße dann schlicht: Alle Menschen müssen eben einmal sterben – das ist halt so! In dieser scheinbar so harmlosen und ehrlichen Antwort liegt freilich oft ein ganzes Weltbild. Wenn dies alles sein soll, was sich über Tod und Sterben sagen lässt, dann kommt darin eine resignative, dem Tod schicksalshaft ergebene Lebenshaltung zum Ausdruck. Dieses ‚das ist halt so!' kann für das Kind ja nichts anderes heißen, als dass es bei bestimmten Dingen und Erfahrungen keinen Raum gibt für Sehnsüchte und Hoffnungen, für Zorn oder Trauer, für Enttäuschung und Widerstand. Und wenn dies für den Tod gelten soll – wofür muss es dann auch noch gelten? Ist die Welt am Ende überhaupt ‚halt so' – ohne Hoffnung? Wie steht es mit dem Tod? Was bedeutet der Tod für unser Leben? – Wie auch immer wir diese Frage beantworten, und selbst wenn wir sie nicht beantworten und beiseite schieben, ganz unvermeidlich geben wir damit zu erkennen, wo für uns der Sinn dieses Lebens liegt."[46]

Erstens lassen sich Sinnfragen nicht mit Informationen beantworten. Zweitens gibt es Fragen, die sind zu gut, um sie mit einer Antwort zu verderben. Gehört die Frage nach Gott vielleicht dazu? Der Philosoph und Physiker Heinz von Foerster hat darauf hingewiesen, dass es bestimmte Fragen gibt, die weniger zu *be*antworten als zu *ver*antworten sind.

Viele halten die →Kirche für eine „Bundesmoralanstalt". Der Religionspädagoge Fulbert Steffensky lobte sie jedoch als „Fragebewahranstalt". Christliche Theologie kreist um die Frage, wie das Antworten in Herzensangelegenheiten zu verantworten ist. Mit pauschalen Alleserklärungsschnelldiensten wird man weder Gott, noch der Welt noch den Menschen gerecht. Bildungsziel christlicher Theologie ist es, Menschen fähig zu machen, ihre Existenz zu verantworten. Respekt vor der menschlichen Fragwürde sowie deren Kultivierung und Schulung ist Hauptelement christlicher Religionspädagogik.

„Endlichkeit muss man lernen" (Norbert Bolz). Der Mensch ist das Geschöpf, das um seine Geschöpflichkeit weiß. Er weiß, dass er sich nicht selbst gewollt und gemacht hat. Der Mensch weiß, dass er wird und vergeht. Der Mensch weiß, dass das, was er sein Leben nennt, nur ein kurzer Ausschnitt von knapp einhundert Jahren ist. „Lehre uns bedenken, dass wir sterben, auf dass wir klug werden" (Psalm 90,12): Hier wird nicht mit dem Tod gedroht, sondern ein gottgefälliges, fragwürdiges Leben geboten.

→ Jesus ist die Antwort. Was war noch mal die Frage?

Anmerkungen

[1] Siehe dazu Dietrich Zilleßen, Das Fremde und das Eigene. Über die Anziehungskraft von Fremdreligionen, in: EvErz 43/1991, 569.

[2] Elias Canetti, Der Ohrenzeuge. Fünfzig Charaktere, Frankfurt 1983, 87ff.

[3] Klaus Eulenberger, „Auftritt", in: Arbeitsstelle Gottesdienst, 23. Jg., 2/2009, 89-91.

[4] Otto Rodenberg, Pietismus – Quo Vadis? Wuppertal 1970, 17.

[5] Karl Barth, Die kirchliche Dogmatik, 1/2, §17 (Gottes Offenbarung als Aufhebung der Religion), Zürich 1960, 304-397, 385.

[6] Karl Barth, Fürchte dich nicht! Predigten aus den Jahren 1934 bis 1948, München 1949, 133.

[7] Text und Melodie von Martin Gotthard Schneider. Dieser Song eroberte 1963 als „neues geistliches Lied" für sechs Wochen die Charts der deutschen Hitparade. 1998 coverten *Die Ärzte* das Lied auf ihrem Album ½ *Lovesong*.

[8] Claus Westermann, Genesis 1-11, Darmstadt 1972, 38.

[9] Alfred Bäumler, Die Unschuld des Werdens II, Nachlassausgabe der Werke Nietzsches, 1931, 949.

[10] Martin Luther an Georg Spenlein, 8. April 1516.

[11] Martin Luther, WA 1,365.

[12] Ulrike Schneider-Harpprecht, Mit Symptomen leben. Eine andere Perspektive der Psychoanalyse Jacques Lacans mit Blick auf Theologie und Kirche, Münster 2000, 314.

[13] Hans Joachim Iwand, Glaubensgerechtigkeit nach Luthers Lehre, München 1941, 49.

[14] Corinne Maier, Die Entdeckung der Faulheit, München 2006, 100.

[15] Patrick Bahners, Ohne Kreuz und Kopftuch, in: FAZ Nr. 158 vom 11.7.2006, 41.

[16] Richtlinien zur evangelischen Religionslehre für die gymnasiale Oberstufe für NRW, Düsseldorf 1981, 29/30.

[17] Das bringt zum Beispiel die Szenerie von Johannes 11,1-45 zum Ausdruck.

[18] Paul Tillich, Gesammelte Werke, Band III, Stuttgart 1965, 67.

[19] Kristian Fechtner, Was tun die Engel am Weihnachtsmorgen?, Freiburg 2013, 70.

[20] Joachim Scharfenberg, Einführung in die Pastoralpsychologie, Göttingen 1985, 108f.

[21] Barbara Wachinger, Anfänge einer Theologie für die Soziale Arbeit, in: Theologie und Soziale Arbeit, hg. v. R. Krockauer u.a., München 2006, 21.

[22] Karl Barth, Kirchliche Dogmatik III / 4, 96.

[23] Frankfurter Rundschau 191, 17.8.2012.

[24] Norbert Bolz, Das Wissen der Religion, München 2008, 10/11.

[25] Martina Steinkühler, Bibelgeschichten sind Lebensgeschichten, Göttingen 2011.

[26] Clifford Geertz, Dichte Beschreibung, Frankfurt 1987, 29/30, 37, 42, 46.

[27] Martina Steinkühler, Bibelgeschichten sind Lebensgeschichten, Göttingen 2011, 231.

[28] Ebd. 280.

[29] Eugen Drewermann, Strukturen des Bösen, Paderborn 1988, Band I, XXVI, XXI-XXII.

[30] Das Berneuchener Buch. Vom Anspruch des Evangeliums auf die Kirchen der Reformation, Hamburg 1926. – Neuausgabe: Wissenschaftliche Buchgesellschaft Darmstadt 1978, 82/83.

[31] Stefan Alkier u. Bernhard Dressler, Wundergeschichten als fremde Welten lesen lernen. Didaktische Überlegungen zu Mk 4,35-41, in: Bernhard Dressler, Michael Meyer-Blanck (Hg.), Religion zeigen. Religionspädagogik und Semiotik, Münster 1998, 163-199.

[32] Karl-Heinz Menke, Das Kreuz. Nicht Verbergung,

sondern Offenbarung Gottes, in: Impulse Nr. 97/01 2011, 5-7; (7).

[33] Martin Luther, Weimarer Ausgabe 54; 185, 12-187,7.

[34] Karl-Heinz Menke, Das Kreuz. Nicht Verbergung, sondern Offenbarung Gottes, in: Impulse Nr. 97/01 2011, 7.

[35] Vgl. dazu Matthäus 10,7; 11,12; 13,24-52.

[36] Hans Weder, Mein hermeneutisches Anliegen im Gegenüber zu Klaus Bergers Hermeneutik, in: Evang. Theol. 52, Heft 4, 459/460.

[37] Wie es dort zugeht, wird in Matthäus 18,21-35 geschildert.

[38] Nach der Love-Parade-Katastrophe zog am nächsten Tag der Mob mit einem Galgen vor dem Rathaus auf.

[39] Jürgen Ebach, Hiob, in: Religionspädagogischer Kommentar zur Bibel, hg. v. Bernhard Dressler, Leipzig 2012, 163.

[40] Henning Luther, Die Lügen der Tröster. Das Beunruhigende des Glaubens als Herausforderung für die Seelsorge, in: Praktische Theologie 33 (1998), Heft 3, 163-176.

[41] Jürgen Ebach, Hiob, in: Religionspädagogischer Kommentar zur Bibel, hg. v. Bernhard Dressler, Leipzig 2012, 160.

[42] Ebd.

[43] „Man hat immer ein Stück Gott in sich": Mit Kindern biblische Geschichten deuten, Jahrbuch für Kindertheologie, Teil 1: Altes Testament, hg. von Gerhard Büttner und Martin Schreiner, Stuttgart 2004, 49.

[44] Jürgen Ebach, *Theo*dizee: Fragen gegen die Antworten, in: ders., Gott im Wort, Neukirchen-Vluyn 1997, 1-27.

[45] Jürgen Ebach, Hiob, in: Religionspädagogischer Kommentar zur Bibel, hg. v. Bernhard Dressler, Leipzig 2012, 165.

[46] Friedrich Schweitzer, Das Recht des Kindes auf Religion, Gütersloh 2000, 31/32.

Stichwortregister